A Greve do Sexo
(Lisístrata)

A Revolução das Mulheres

CB141691

A COMÉDIA GREGA

vol. 1	ARISTÓFANES	As Nuvens, Só para Mulheres, Um Deus Chamado Dinheiro
vol. 2	ARISTÓFANES	As Vespas, As Aves, As Rãs
vol. 3	ARISTÓFANES	A Greve do Sexo, A Revolução das Mulheres

A TRAGÉDIA GREGA

vol. 1	SÓFOCLES	*A Trilogia Tebana* Édipo Rei, Édipo em Colono, Antígona
vol. 2	ÉSQUILO	*Oréstia* Agamêmnon, Coéforas, Eumênides
vol. 3	EURÍPIDES	Medéia, Hipólito, As Troianas
vol. 4	ÉSQUILO	Os Persas
	SÓFOCLES	Electra
	EURÍPIDES	Hécuba
vol. 5	EURÍPIDES	Ifigênia em Áulis, As Fenícias, As Bacantes
vol. 6	ÉSQUILO	Prometeu Acorrentado
	SÓFOCLES	Ájax
	EURÍPIDES	Alceste

ARISTÓFANES

A Greve do Sexo
(Lisístrata)
A Revolução das Mulheres

Tradução do grego e introdução de
Mário da Gama Kury

6ª edição

ZAHAR

Copyright © 1996, 2001, 2002, 2006, Mário da Gama Cury

Reservados ao tradutor os direitos de representação teatral,
de televisão, de radiofonização, fotomecânicos etc.

Copyright desta edição © 2006:
Jorge Zahar Editor Ltda.
rua Marquês de S. Vicente 99 – 1º | 22451-041 Rio de Janeiro, RJ
tel (21) 2529-4750 | fax (21) 2529-4787
editora@zahar.com.br | www.zahar.com.br

Todos os direitos reservados.
A reprodução não-autorizada desta publicação, no todo
ou em parte, constitui violação de direitos autorais. (Lei 9.610/98)

Edições anteriores: 1988, 1989 (Brasiliense), 1996, 2001 e 2002

Capa: Sérgio Campante
Composição: TopTextos Edições Gráficas

CIP-Brasil. Catalogação-na-fonte
Sindicato Nacional dos Editores de Livros, RJ

Aristófanes
A749g A greve do sexo (Lisístrata); A revolução das mulheres / Aristófanes; tradução
6.ed. do grego e introdução, Mário da Gama Kury – 6.ed. – Rio de Janeiro: Zahar, 2006.

(A comédia grega; v.3)

Tradução do original grego
ISBN 978-85-7110-371-9

1. Comédia grega. I. Kury, Mário da Gama. I. Título. II. Título: Lisístrata. III. Título: A revolução das mulheres. IV. Série.

CDD: 882
06-1743 CDU: 875-2

SUMÁRIO

INTRODUÇÃO

Aristófanes, o mais famoso comediógrafo da Antigüidade grega e até hoje apreciado por leitores e espectadores incontáveis, nasceu em Atenas aproximadamente em 455 a.C., e lá morreu em torno de 375 a.C. Das 44 comédias por ele escritas, chegaram até nossos dias 11: *Os acarnenses* estreada em 425 a.C.; *Os cavaleiros* (424); *As nuvens* (423); *As vespas* (422); *A paz* (421); *As aves* (414); *A greve do sexo* (ou *Lisístrata,* 411); *Só para mulheres* (ou *Tesmoforiazusas,* 411); *As rãs* (405); *A revolução das mulheres* (ou *Eclesiazusas,* 392) e *Um deus chamado dinheiro* (ou *Pluto,* 338).

Na época de Aristófanes, a comédia correspondia de certo modo à imprensa, e nela eram criticadas as instituições, os políticos de um modo geral e principalmente os corruptos, os abusos de autoridade, as peças de teatro etc. A linguagem da comédia era desabrida e contundente, muito diferente da tragédia, à exceção do lirismo de alguns coros encantadores. Havia comunicação direta entre o autor e os espectadores, por meio do corifeu, que se dirigia à platéia em nome do autor na parábase (à exceção das últimas peças que, devido aos governos discricionários impostos após a derrota dos atenienses pelos espartanos, não tinham essa parte).

AS COMÉDIAS TRADUZIDAS

1. A greve do sexo (Lisístrata). Cansadas de uma guerra que já durava vinte anos, as mulheres de Atenas, de Esparta, da Beócia e de Corinto (cidades gregas mais duramente atingidas pela luta), chefiadas pela ateniense Lisístrata, decidiram pôr um fim às hostilidades usando de uma tática pouco ortodoxa: uma greve de sexo. Para melhor conseguir seu objetivo, ocuparam a cidadela de Atenas — a Acrópole — e tomaram conta do Tesouro. Os maridos não resistiram à greve e concluíram um tratado de paz, depois de uma série de peripécias de grande efeito cômico, apesar da ousadia dos detalhes.

A peça de Aristófanes foi uma tentativa real de acabar com uma guerra de verdade. Na época em que a peça foi representada (411 a.C.), Atenas atravessava um período dificílimo de sua história, ainda não refeita do desastre da expedição malograda à Sicília (413 a.C.). Abandonados por seus aliados, os atenienses tinham a 24 quilômetros da cidade as tropas espartanas. Essa luta fratricida enfraquecia toda a Grécia, pondo-a à mercê dos bárbaros. Inspirado por um profundo sentimento de patriotismo e humanidade, Aristófanes se fez o porta-voz de todas as esposas e mães gregas e, por intermédio de Lisístrata, lançou um veemente apelo em favor da paz, não somente aos atenienses, mas a todos os gregos. Infelizmente, sua mensagem não foi ouvida e a guerra continuou, arruinando a Grécia, e as guerras continuaram, mutilando o mundo.

Embora *A greve do sexo* seja a mais licenciosa das comédias de Aristófanes, pela elevaçao dos sentimentos que animam a heroína, pela nobreza das intenções do comediógrafo e por suas próprias qualidades como teatro, a peça bem merece a fama que até hoje desfruta em todas as platéias civilizadas. Vinte e quatro séculos de guerras tornam-na cada vez mais atual e não diminuíram em nada o brilho da comédia e a espiritualidade que mal se dissimula por trás da crueza do argumento.

2. A revolução das mulheres. Esta comédia é uma sátira às teorias de certos filósofos da época, principalmente os sofistas, que mais tarde se cristalizaram na *República* de Platão. Lideradas pela eloqüente Valentina (a Praxágoras do original), que recorda a figura de Lisístrata por sua intrepidez, as mulheres de Atenas decidem tomar conta do poder, cansadas da incapacidade dos homens no governo. Impõem sorrateiramente nova constituição, com base na comunidade dos bens, tendo em vista, segundo Valentina, a eliminação da miséria.

Inspiradas no princípio de que há similaridade entre a direção da coisa pública e do lar, as mulheres governarão a cidade com a mesma eficiência com que cuidam de suas casas, para satisfação de todos. Não haverá mais ricos de um lado e pobres de outro. Atenas será como que uma única habitação, na qual cada um poderá obter, num fundo comum, o necessário à sua subsistência, graças a reformas de base como a comunidade de bens e de mulheres.

É digna de nota a solução de Valentina (Aristófanes) para o problema das mulheres feias diante da desvantagem em que ficariam, relativamente às bonitas, nesse regime comunitário...

Muitos contemporâneos de Aristófanes não lhe deram o devido valor, pois só lhe concederam a palma da vitória nos concursos oficiais de comédias em três de suas peças conservadas: *Os acarnenses*, *Os cavaleiros* e *As rãs*.

Um deles, porém (talvez o mais ilustre), prestou-lhe uma homenagem consagradora, que os leitores e espectadores de suas obras vêm reiterando há quase dois milênios e meio. Platão, o mais famoso ateniense da época, dedicou-lhe um epigrama que chegou até nós:

"As Graças procuravam um altar perene:
acharam-no na inteligência de Aristófanes."
(*Antologia grega*, edição de Cougny, vol.III, p.293,
Paris, reimpressão de 1927).

Além de seu grande valor intrínseco, as comédias de Aristófanes são a fonte mais autêntica para a reconstrução dos detalhes da vida cotidiana em Atenas na época clássica.

Reproduzimos na tradução a linguagem forte do original, característica da Comédia Antiga, sem contribuir com qualquer acréscimo nosso. Para o que diz respeito às adaptações, o leitor deve se remeter ao Posfácio no fim do volume.

Rio, agosto de 1996
Mário da Gama Kury

A Greve do Sexo
(Lisístrata)

Época da ação: cerca de 411 a.C.
Local: Atenas.

PERSONAGENS

LISÍSTRATA, CLEONICE, MIRRINA — mulheres de meia-idade, atenienses
LAMPITO, mulher de meia-idade, espartana
DUAS MOÇAS (uma da Beócia, outra de Corinto)
QUATRO VELHOS, atenienses
OITO MULHERES, atenienses
COMISSÁRIO DE POLÍCIA, ateniense
QUATRO SOLDADOS, atenienses
CINÉSIAS, ateniense de meia-idade, marido de Mirrina
MANES, criado de Cinésias
UM MENINO, filho de Cinésias e Mirrina
EMBAIXADOR, espartano
MINISTRO, ateniense
ATENIENSES, ESPARTANOS — das delegações de paz
CONCILIAÇÃO, personificada por uma mulher jovem e bonita

Cenário

No primeiro plano, a casa de Lisístrata *de um lado, do outro a de* Cleonice. *No segundo plano, no meio de uns rochedos, uma gruta com altar do deus Pã. Ao fundo, a Acrópole.*

Lisístrata

Se fosse para uma bacanal ou coisa parecida, nem teria sido necessário convidá-las. Como é para coisa séria, até agora nenhuma mulher apareceu.

Percebendo Cleonice, *que se aproximava.*

Até que enfim vejo uma vizinha saindo de casa! Bom dia, Cleonice!

Cleonice

Bom dia, Lisístrata. Por que você está de cara amarrada? Deixe esse ar trágico, meu bem. Você assim vai ficar com rugas.

Lisístrata

É, Cleonice; estou com o coração pulando de raiva de nós mesmas, as mulheres. Dizem que com os homens somos espertíssimas...

Cleonice

E somos mesmo!

Lisístrata

... mas quando se combina um encontro aqui para tratar de assunto tão sério, elas ficam dormindo; não aparecem!

Cleonice

Mas queridinha, elas virão. Você sabe como é difícil para a mulher sair de casa. Uma deve ter estado muito ocupada com o marido; outra teve de acordar a empregada; outra deve ter tido de fazer as crianças dormirem; outra teve de lavá-las; outra deve ter tido trabalho com o mingau...

LISÍSTRATA

Sei de tudo isso, mas havia assuntos mais urgentes a tratar aqui!

CLEONICE

Mas afinal, querida, por que motivos você nos convocou?

LISÍSTRATA

Quero falar sobre uma coisa...

CLEONICE

É grande a coisa?

LISÍSTRATA

Muito grande!

CLEONICE

Então todas já deviam ter chegado!

LISÍSTRATA

Com ar de desânimo.

A coisa não é essa em que você está pensando! Se fosse, já estariam todas aqui há muito tempo. Trata-se de outra coisa, que está remexendo aqui em minha cabeça, que me faz ficar na cama virando para um lado e para outro há muitas noites.

CLEONICE

Então essa coisa que faz você se virar tanto deve ser o máximo!

LISÍSTRATA

É sim, e a salvação da pátria depende do apoio das mulheres à minha idéia.

CLEONICE

Das mulheres? Fraco apoio...

LISÍSTRATA

Fique certa de que o destino do país está em nossas mãos. Se falharmos, a pátria estará perdida, será destruída por tantas lutas fratricidas. Mas se nós, as mulheres, nos unirmos, as mulheres de todos os rincões da Grécia, o país estará salvo.

CLEONICE

E que espera você que as mulheres façam de sensato ou de extraordinário, nós que vivemos diante do espelho às voltas com nossa maquilagem, nossos vestidos, nossa roupa de baixo, nossas sandálias?

LISÍSTRATA

É justamente isso que nos salvará; nossos vestidos provocantes, nossos perfumes, ruge, batom, camisolas transparentes...

CLEONICE

Mas como?

LISÍSTRATA

De tal maneira que não se verá mais ninguém erguer a lança contra ninguém...

CLEONICE

Nesse caso, vou já mandar fazer um vestido bem decotado.

LISÍSTRATA

... nem carregar escudo...

CLEONICE

Vou usar camisola transparente!

LISÍSTRATA

... nem empunhar espadas.

CLEONICE

Ah! Vou comprar umas sandálias bem chiques!

LISÍSTRATA

Diante disso, você não acha que as mulheres já deveriam ter chegado?

CLEONICE

Mais ainda: deveriam ter voado para cá há muito tempo.

LISÍSTRATA

É, querida, mas você vai ver que como boas atenienses elas chegarão tarde demais. Ninguém apareceu! Nem da costa, nem das ilhas...

CLEONICE

Elas devem estar atracando... Mas olhe ali! Estou vendo algumas aproximando-se!

LISÍSTRATA

Mais animada.

É mesmo! Estão vindo outras do lado de lá!

Entra MIRRINA.

MIRRINA

Será que chegamos tarde, Lisístrata? Que é que há? Por que esse silêncio?

LISÍSTRATA

Você não vai querer elogios por chegar tão tarde e sozinha para tratar de um caso tão importante!

MIRRINA

É que eu custei a encontrar minha cinta no escuro... Mas se o caso é tão urgente estamos aqui. Fale!

CLEONICE

Ainda não. Vamos esperar as mulheres das outras cidades. Elas não devem demorar.

LISÍSTRATA

Você tem razão.

Entram LAMPITO, *de Esparta, e duas moças, uma da Beócia e outra de Corinto.*

Aliás, Lampito está chegando! Muito bem, minha querida espartana! Salve! Você está linda, minha doçura! Que carnação bonita! Que corpo vigoroso! Você seria capaz de estrangular um touro!

LAMPITO

É mesmo. Eu faço ginástica no estádio e dou meus pulinhos para ficar musculosa!

LISÍSTRATA

Apalpando o busto de LAMPITO.

Como é bom ter um busto assim rijo!

LAMPITO

Você está me apalpando como se quisesse me cortar em pedaços para vender a carne!

LISÍSTRATA

E essa moça aí, de onde ela é?

MIRRINA

Uma moça de qualidades, como você está vendo. Ela é da Beócia.

LISÍSTRATA

Sim senhora! Logo se vê. Ela parece muito enxuta!

CLEONICE

É sim! É que a Beócia é muito seca. E ela deve ter pouca vegetação...

LISÍSTRATA

E essa outra mocinha, quem é?

LAMPITO

De uma família muito proeminente lá de Corinto.

CLEONICE

Proeminente mesmo, principalmente de perfil...

LAMPITO

Mas, afinal, quem convocou essa reunião de mulheres?

LISÍSTRATA

Fui eu.

LAMPITO

Então vá logo dizendo o que você quer.

CLEONICE

Sim, querida. Já é tempo de você revelar que negócio tão sério é esse.

LISÍSTRATA

Vocês já vão saber. Antes, porém, vou fazer uma pergunta — uma perguntinha só.

CLEONICE

Quantas você quiser.

LISÍSTRATA

Vocês não sentem falta dos pais de seus filhos, que a guerra mantém longe de vocês? Eu sei que os maridos de quase todas estão ausentes.

CLEONICE

Suspirando.

Quanto ao meu, há cinco meses o coitadinho está fora, lá na Trácia, tomando conta de um general para ele não fugir!

LAMPITO

E o meu? O tempo que ele passa fora do regimento mal dá para pegar de novo o escudo e sair voando!...

LISÍSTRATA

É exatamente isso. Homem mesmo, que é bom, não há. Desde que começou esta última guerra nós não temos consolo... De grande, só temos mesmo saudade. Se eu achasse um meio, vocês concordariam com meu plano para acabar com a guerra?

CLEONICE

É claro! Eu, pelo menos, topo qualquer coisa, ainda que tenha de empenhar tudo que é meu.

MIRRINA

Eu também, mesmo que tivesse de me cortar ao meio, como um linguado, e dar metade de mim!

LAMPITO

E eu subiria uma montanha de joelhos se soubesse que lá no cume encontraria a paz.

LISÍSTRATA

Então vou falar, pois não há mais razões para guardar segredo. Nós, mulheres, se quisermos obrigar nossos maridos a votar pela paz teremos de nos privar...

CLEONICE

De quê? Diga logo!

LISÍSTRATA

Vocês se privarão?

CLEONICE

Nós nos privaremos, ainda que tenhamos de morrer!

LISÍSTRATA

Muito bem: vocês terão de se privar... de fazer amor! Ei! Por que vocês estão indo embora? Aonde vocês vão? Por que estão com essa cara amuada e coçando a cabeça? E essas lágrimas? Vocês vão ou não vão fazer o que eu disse? Qual é a dificuldade?

CLEONICE

Isso eu não posso fazer. Deus me livre! Antes a guerra!

MIRRINA

Nem eu. Deus me livre! Prefiro a guerra!

LISÍSTRATA

É você quem fala assim, linguado, você que disse que se deixaria cortar ao meio?

CLEONICE

Faça qualquer outra coisa que você queira. Se for preciso andar descalça em cima de uma fogueira, conte comigo. Antes isso que passar sem fazer amor. Isso é insubstituível, minha querida!

LISÍSTRATA

Dirigindo-se a MIRRINA.

E você?

MIRRINA

Eu também prefiro andar por cima da fogueira da Cleonice.

LISÍSTRATA

Ó sexo dissoluto! Não escapa uma! Não é sem razão que somos assunto de tudo quanto é tragédia. Quando vocês não estão pensando em um homem é porque estão pensando em vários!

Dirigindo-se a LAMPITO.

Mas minha querida espartana, você parece ser a única que está comigo. Unamo-nos! Ainda poderemos salvar a situação!

LAMPITO

É doloroso para uma mulher dormir sozinha, sem uma certa coisa... Em todo caso, estou resolvida, pois precisamos de paz!

LISÍSTRATA

Querida! Você é a única mulher de verdade entre todas essas aí!

CLEONICE

E se, na medida do possível, nós nos privássemos disso que você disse — Deus nos livre! —, você garante que conseguiríamos a paz? Será que não há outro meio?

LISÍSTRATA

O meio é exatamente esse! Se ficarmos em casa, bem pintadas, com vestidos transparentes, deixando ver certos lugares bem depiladinhos, e quando nossos maridos avançarem para nós, taradinhos, loucos para nos agarrar, nós não deixarmos, garanto que eles votarão logo pela paz!

LAMPITO

É isso mesmo! Quando Menelau pôs os olhos nos seios de Helena, largou logo a espada e mandou brasa!

CLEONICE

E se nossos maridos nem perceberem nossos encantos à mostra?

LISÍSTRATA

Eles vêem até o que está escondido, minha filha, quanto mais o que se mostra!...

CLEONICE

Eu acho tudo isso uma bobagem. Não gosto de fingir. Mas se eles nos agarrarem e nos levarem à força para o quarto?

LISÍSTRATA

Vocês se seguram na porta.

CLEONICE

E se eles baterem em nós?

LISÍSTRATA

Em último caso, vocês deixam, mas de má vontade e sem cooperar. Não há prazer nessas coisas quando forçadas. Além disso, é preciso fazê-los sofrer. Fique tranqüila; eles entregarão logo os pontos, pois o homem sem mulher não tem prazer em nada.

CLEONICE

Se vocês são dessa opinião... eu também sou!

LAMPITO

Nós, em Esparta, convenceremos nossos homens a votar por uma paz justa, leal. Mas, os atenienses, que são de briga, como vai ser possível aquietá-los?

LISÍSTRATA

Não tenha receios quanto a isso. Daremos um jeito neles...

LAMPITO

Enquanto eles tiverem navios de guerra e o Tesouro lá na Acrópole estiver cheio, acho difícil.

LISÍSTRATA

Mas nós pensamos nisso também. Vamos assaltar a Acrópole hoje, minha filha. As mulheres mais velhas têm ordem para isso; enquanto estivermos nos concentrando aqui, a pretexto de rezar juntas, elas ocuparão a Acrópole.

LAMPITO

Bem, assim pode ser. Você agora me convenceu.

LISÍSTRATA

Então, Lampito, por que não nos unimos logo por um juramento, para que nosso pacto seja inviolável?

LAMPITO

Boa idéia! Então diga como devemos jurar.

LISÍSTRATA

Vamos tratar disso.

CLEONICE

Que juramento você quer fazer, Lisístrata?

LISÍSTRATA

Vamos todas jurar com as mãos em cima de um escudo, como fazem os homens.

CLEONICE

Ora, Lisístrata! Esse negócio de escudo cheira a guerra e nós queremos paz.

LISÍSTRATA

Então como vamos jurar?

Pausa.

Tenho outra idéia. Em vez de escudo, vamos usar uma grande taça cheia de vinho para jurar, uma taça da paz. Tragam a taça e vinho!

CLEONICE

Mas, Lisístrata, vinho é vermelho e lembra sangue. E depois podemos ficar embriagadas...

LISÍSTRATA

Assim não se vai chegar a uma conclusão, Cleonice.

CLEONICE

Então eu quero ser a primeira...

LISÍSTRATA

Não senhora!

CLEONICE

... a primeira a beber um traguinho desse vinho perfumado.

LISÍSTRATA

Ponham as mãos por cima da taça. Vamos, Lampito! E uma de vocês repetirá em nome de todas o que eu for dizendo. Vocês jurarão o mesmo que eu, e nosso compromisso solene será indissolúvel. Atenção! Vamos começar: "Não deixarei nenhum homem, seja amante ou marido..."

CLEONICE

"Não deixarei nenhum homem, seja amante ou marido..."

LISÍSTRATA

"... chegar perto de mim."

Dirigindo-se a CLEONICE, que permanecia calada.

Vamos! Repita!

CLEONICE

Com voz sumida.

"... chegar perto de mim." Ai! Meus joelhos estão fraquejando, Lisístrata!

LISÍSTRATA

"Ficarei em casa sem homem..."

CLEONICE

"Ficarei em casa sem homem..."

LISÍSTRATA

"... vestida com camisola transparente e toda enfeitada..."

CLEONICE

"... vestida com camisola transparente e toda enfeitada..."

LISÍSTRATA

"... para que meu marido fique tarado por mim..."

CLEONICE

"... para que meu marido fique tarado por mim..."

LISÍSTRATA

"... e não me entregarei a ele até que ele vote pela paz..."

CLEONICE

"... e não me entregarei a ele até que ele vote pela paz..."

LISÍSTRATA

"... e se, contra minha vontade, ele me forçar..."

CLEONICE

"... e se, contra minha vontade, ele me forçar..."

LISÍSTRATA

"... não me enroscarei nele nem o abraçarei..."

CLEONICE

"... não me enroscarei nele nem o abraçarei..."

LISÍSTRATA

"... nem levantarei meus pés para o teto..."

CLEONICE

"... nem levantarei meus pés para o teto..."

LISÍSTRATA

"... nem farei qualquer movimento."

CLEONICE

"... nem farei qualquer movimento."

LISÍSTRATA

"... Se eu guardar meu juramento, permitam os deuses que eu possa beber sempre vinho..."

CLEONICE

"... Se eu guardar meu juramento, permitam os deuses que eu possa beber sempre vinho..."

LISÍSTRATA

"... mas se eu quebrar meu juramento, que esta taça se encha d'água!"

CLEONICE

"... mas se eu quebrar meu juramento, que esta taça se encha d'água!"

LISÍSTRATA

Todas juram?

TODAS JUNTAS

Juramos!

LISÍSTRATA

Então bebamos!

Demora bebendo.

CLEONICE

Ei! Beba só a sua parte! Afinal, se todas juramos, todas devemos beber!

A taça é passada sucessivamente a todas. Ouvem-se gritos ao longe.

LAMPITO

Que barulho é esse?

LISÍSTRATA

Exatamente o que eu lhe dizia: as mulheres acabam de conquistar a Acrópole. Ocuparam o Tesouro. Agora, Lampito, vá fazer seus preparativos e deixe essas moças comigo como reféns.

LAMPITO retira-se.

E nós vamos juntar-nos às outras mulheres na Acrópole e ajudá-las a aferrolhar o Tesouro.

CLEONICE

Você não receia que os homens contra-ataquem daqui a pouco?

LISÍSTRATA

Não tenho medo deles. Só abriremos as... portas quando aceitarem nossas condições.

CLEONICE

Isso mesmo, ou então não mereceríamos a fama de criaturas mais perigosas do mundo.

Saem todas. Novo cenário. Vêem-se as portas da cidadela da Acrópole. Entram pela direita quatro homens idosos carregando lenha e trazendo nas mãos panelas fumegantes.

1º VELHO

Avance, homem! Vá mostrando o caminho com seus passos miúdos, apesar dessas toras de árvore que você leva no ombro!

2º VELHO

Acontece tanta coisa inesperada nesta vida! Nunca eu imaginei que mulheres criadas por nós, essas pestes dentro de nossas casas, assaltassem a Acrópole e ocupassem o Tesouro! E ainda por cima fecharam as portas da cidadela com trancas e ferrolhos!

1º VELHO

Vamos então mais depressa para a Acrópole. Para as mulheres temos aqui estas toras; vamos fazer uma fogueira e assar todas as que se meterem nesse negócio, a começar por Lisístrata.

3º VELHO

Muito bem! Enquanto eu for vivo, elas não rirão no meu nariz. O próprio rei de Esparta, que antes ocupou a Acrópole, depois que eu tomei as armas dele na valentia, teve de sair de lá correndo desabaladamente em trajes menores. Como ele era cabeludo e sujo!

1º VELHO

Eu me lembro disso! Também ajudei a cercar o homem! Seria uma vergonha se eu, só com minha presença, não conseguisse impedir umas mulheres, essas criaturas odiadas pelos deuses e pelos autores de tragédias, de continuarem a fazer violências! Se eu não der um jeito nelas, jogo fora todos os meus troféus de guerra!

2º VELHO

Só falta subir esta ladeira desgraçada que leva à Acrópole. Quero chegar lá já e já. Será que poderemos levar esta lenha até lá em cima sem a ajuda de uns burros de carga? Estas duas toras já feriram meu ombro! Mas temos de marchar e soprar o fogo para ele não apagar no caminho.

Sopra a panela.

Puxa! Que fumaça!

3º VELHO

Também soprando a panela.

Quero o fogo bem aceso para atacar essas mulheres lá em cima! Essa fumaça está de morte!

1º VELHO

Meu fogo, graças a Deus, está bem vivo. Vamos baixar nossas toras aqui mesmo! Depois mergulharemos umas tochas nas panelas cheias de fogo e iremos até as portas da cidadela. Se as mulheres não atenderem ao nosso ultimátum para abrir as... portas, poremos fogo nelas. Elas vão virar cinza! Vou pôr a minha carga no chão. Quanta fumaça! Quem me dá uma mãozinha para baixar esse pau?

Põe a lenha no chão juntamente com os outros velhos.

Que alívio! Esta tora já estava esfolando meu pescoço. Agora vou soprar melhor as brasas na panela para pôr fogo na minha tocha. Soberana Vitória! Se ficares conosco e nos permitires reprimir a audácia das mulheres na Acrópole, erigiremos um troféu em tua honra! Vamos mandar brasa nelas!

Os velhos põem fogo na lenha com as tochas acesas. Entram pela esquerda quatro mulheres trazendo vasos cheios d'água.

1ª MULHER

Alguma coisa está pegando fogo! Que fumaceira! Deve haver alguma fogueira por aqui! Vamos depressa ver o que há.

2ª MULHER

Depressa, pessoal, antes que esse fogo soprado pelo vento e pelos velhos queime nossas amigas que estão lá dentro da cidadela. Só tenho medo de não chegarmos a tempo de salvá-las. É que havia tanta mulher enchendo vasos na fonte e tanta mulher no caminho já com os vasos cheios que custei a chegar até aqui.

3ª MULHER

Vim correndo quando ouvi dizer que uns velhos imbecis estavam marchando para cá com paus na mão como se fossem esquentar água para tomar banho, ameaçando céus e terras.

Imitando a voz dos velhos.

"Vamos comer essas abomináveis mulheres assadas na grelha!" Eles vão ver! Em vez de virar churrasco vamos livrar a Grécia e nossos concidadãos da guerra e dessas loucuras todas! Foi para isso que nossas amigas ocuparam a Acrópole. Temos água bastante para apagar o fogo de qualquer homem que se aproximar delas!

1ª MULHER

Pare de falar!

Percebendo os velhos.

Que é isso? Ah! São os sem-vergonhas! Se fossem boa coisa, não fariam esse papel!

1º VELHO

Percebendo a chegada das mulheres.

Por essa eu não esperava! Uma porção de mulheres vindas de fora para socorrer as lá de dentro!

1ª MULHER

Por que esse ar abobalhado diante de nós? Será que vocês estão nos achando muitas? Pois bem! Vocês não viram nem a décima milionésima parte!

1º VELHO

Dirigindo-se ao 2º VELHO.

Vocês vão engolir tudo isso calados? Já não temos motivos bastantes para baixar o pau nelas?

1ª MULHER

Vamos pôr também os vasos no chão para poder usar as mãos se eles nos atacarem.

1º VELHO

Se já tivéssemos dado duas ou três pauladas nelas, elas não estariam mais falando pelos cotovelos.

1ª MULHER

Pois então bata! Estou aqui e não dou um passo para fugir. Mas tenha cuidado, que nunca mais você vai poder fazer coisa alguma com mulher nenhuma!

1º VELHO

Se você não se calar, eu vou fazer uma porção de rasgos na sua pele a pauladas!

1ª MULHER

Toque em mim ainda que seja com o dedo mindinho para você ver o que acontece! Aproxime-se!

1º VELHO

E se eu pusesse você no chão com um direto? Que é que você faria comigo?

1ª MULHER

Arrancaria seus pulmões e outras coisas a dentadas!

1º VELHO

Não há ninguém mais inteligente que os autores de tragédias. Eles é que têm razão. Pode haver criatura mais sem-vergonha que a mulher?

1ª MULHER

Mulheres! Levantemos nossos vasos d'água!

1º VELHO

Que negócio é esse, flagelo dos deuses? Que é que você vai fazer com essa água?

1ª MULHER

E você com esse fogo, sepultura ambulante? Será para reacender o seu... entusiasmo, que está apagadinho?

1º VELHO

É para fazer uma fogueira e assar você e suas amigas!

1ª MULHER

E esta água é para apagar o seu fogo!

1º VELHO

E você acha que é capaz de apagar o meu fogo?

1ª MULHER

Você vai ver se não sou!

1º VELHO

O que eu vou ver é você virar churrasco nesta tocha!

1ª MULHER

Você está precisando é de um bom banho!

1º VELHO

Banho? Suja é você!

1ª MULHER

E um banho bem esfregado!

1º VELHO

Dirigindo-se a outro velho.

Você está ouvindo esta insolente?

1ª MULHER

Fique sabendo que eu sou uma mulher livre!

1º VELHO

Pois eu vou acabar com essas liberdades!

1ª MULHER

Você não está no tribunal para ficar aí sentenciando, velhinho!

1º VELHO

Falando à tocha que tem na mão.

Bota fogo no cabelo dela, tocha!

1ª MULHER

Falando ao vaso que tem na mão.

Apaga o fogo dele, água!

Joga a água do vaso no velho.

1º VELHO

Ai, desgraçada!

1ª MULHER

Está quente?

1º VELHO

Quente coisa nenhuma! Vamos acabar com isso! Que é que você está fazendo, mulher?

1ª MULHER

Estou regando você, para ver se você fica mais viçoso...

1º VELHO

Eu não sou seco, sou é enxuto! Estou tremendo mas é de frio.

1ª MULHER

Por que você não se esquenta nesse fogo que você tem aí?

Chega um COMISSÁRIO DE POLÍCIA *seguido de quatro soldados.*

COMISSÁRIO

Que barulho é esse aí? Mulher só sabe falar alto!

1º VELHO

Isso não é nada. O senhor precisava ver a insolência delas! Entre outras coisas, elas nos molharam com a água desses vasos! Parece até que fizemos uma coisa feia...

COMISSÁRIO

Bem feito! Nós deixamos as mulheres mostrarem a sua ruindade e depois nos queixamos. Há maridos que vão ao joalheiro e dizem: "Você sabe aquele colar de minha mulher que você consertou? Um dia desses ela estava dançando e aquele negócio pendurado caiu de novo. Eu vou viajar hoje e você bem que podia passar lá em casa para falar com minha mulher e pôr o negócio pendurado no lugar!" Outros vão ao sapateiro, homem de grande negócio, e dizem: "O dedinho de minha mulher está todo machucado pela argola daquela sandália que comprei aqui para ela. Passe lá em casa ao meio-dia para alargá-la!" O resultado é esse. Eu, comissário, acostumado a quebrar galhos, não vou permitir que essas mulheres me fechem a porta no nariz! Mas não adianta nada ficar plantado aqui.

Dirigindo-se a um soldado.

Traga os pés-de-cabra! Quero acabar com a insolência delas! Que é que você está fazendo aí parado de boca aberta, infeliz?

Dirigindo-se a outro soldado.

E você, para onde está olhando? Parece que nunca viu mulher! Quer fazer o favor de introduzir os pés-de-cabra por baixo da porta para arrombá-la? Eu mesmo vou ajudar a fazer força.

Abre-se a porta da cidadela e aparece LISÍSTRATA.

LISÍSTRATA

Não é preciso arrombar coisa alguma. Eu mesma saio. Para que pés-de-cabra? Não é isso que falta, mas bom senso e miolo!

COMISSÁRIO

Você é engraçadinha, mesmo! Onde estão os soldados? Você aí! Prenda essa mulher e amarre as mãos dela nas costas!

Avança um soldado.

LISÍSTRATA

Isso não! Se você me tocar com a ponta dos dedos, mesmo sendo autoridade, você vai ter muito que gemer!

O soldado recua.

COMISSÁRIO

Ao soldado.

Você está com medo? Vamos, homem! Segure os braços dela!

Aparecem pela porta CLEONICE *e* MIRRINA.

CLEONICE

Dirigindo-se ao soldado.

Se você puser as mãos em cima dela, eu esvazio suas tripas a pontapés!

Diante da atitude ameaçadora de CLEONICE *e* MIRRINA, *os soldados recuam.*

COMISSÁRIO

Vejam só! "Esvaziar as tripas"! Não há outros soldados por aqui? Amarre essa aí antes das outras, pois ela gosta de gracejar!

MIRRINA

Dirigindo-se ao 3º soldado.

Se você tocar nela, ainda que seja de leve, vai ter de chamar um médico!

O 3º soldado recua.

COMISSÁRIO

Que é que há? Outro soldado! Segure essa valentona! Não vou deixar vocês escaparem!

LISÍSTRATA

Dirigindo-se ao 4º soldado.

Se você se aproximar dela, eu arranco o resto de seus cabelos!

O 4º soldado recua.

COMISSÁRIO

Não é possível! Vamos, soldado! Não podemos perder para mulheres! Marchemos juntos contra elas, em formação de combate!

LISÍSTRATA

Estou perdendo a paciência! Vou ter de mostrar a vocês que temos quatro batalhões de mulheres prontas para tudo e muito bem armadas!

COMISSÁRIO

Conversa!

Aos soldados.

A ordem é amarrar as mãos delas nas costas. Vamos!

Os soldados fazem menção de avançar.

LISÍSTRATA

Mulheres! Saiam todas! Mostrem a sua... bravura.

As mulheres saem aos gritos; os soldados fogem.

Podem voltar lá para dentro. Também não é preciso agarrá-los!

COMISSÁRIO

Que vergonha para meus soldados!

LISÍSTRATA

Mas que é que você esperava? Você pensou que estava lidando com seres inferiores? Ou você pensa que mulher não tem coragem?

COMISSÁRIO

Elas têm até demais... para certas coisas!

1º VELHO

Não adianta, comissário! Com elas é tempo perdido. Por que o senhor foi se meter com essas feras? Não queira saber o banho que elas nos deram há pouco, e sem sabão!

1ª MULHER

Mas meu caro, não se deve pôr a mão nos outros por qualquer bobagem. Quem faz isso está sujeito a ficar de olho preto. A única coisa que eu quero é ficar sossegada como uma gatinha tímida, sem aborrecer ninguém, sem mexer numa palha. Mas que ninguém ponha a mão na colméia para apanhar o mel! Quando eu me zango sou de doer!

2º VELHO

Que é que vamos fazer com essas feras? Não agüento tanto insulto! Precisamos pensar seriamente no caso: por que será que elas ocuparam a cidadela da Acrópole?

1º Velho

Apontando para Lisístrata.

Pergunte a ela! Vamos! Passe a conversa nela! E não deixe sem resposta o que ela disser.

Comissário

Dirigindo-se a Lisístrata, Cleonice *e* Mirrina.

Muito bem. Antes de mais nada, quero saber por que vocês ocuparam a cidadela.

Lisístrata

Para guardar o dinheiro do povo que está lá no Tesouro e impedir vocês de fazerem guerras por causa dele.

Comissário

Então é por causa do dinheiro que fazemos guerras?

Lisístrata

Sim senhor! Vocês e todos os outros. É para poderem roubar nos cargos públicos que vocês vivem armando encrencas. Vocês podem fazer o que quiserem, mas no dinheiro do povo, que está lá dentro, ninguém mais põe a mão!

Comissário

E você? Que é que vai fazer?

Lisístrata

Você ainda pergunta? Agora somos nós, mulheres, que vamos administrar os dinheiros públicos.

Comissário

Vocês vão administrar o Tesouro?

LISÍSTRATA

Que há de estranho nisso? Não somos nós que administramos os bens de vocês em nossas casas?

COMISSÁRIO

Mas não é a mesma coisa!

LISÍSTRATA

Como não é a mesma coisa?

COMISSÁRIO

Os dinheiros públicos são para a guerra.

LISÍSTRATA

Mas para início de conversa não é absolutamente necessário que haja guerras.

COMISSÁRIO

Como então havemos de garantir nossa segurança?

LISÍSTRATA

Agora seremos nós, as mulheres, que cuidaremos da segurança de vocês.

COMISSÁRIO

Vocês?

LISÍSTRATA

Sim senhor. Nós.

COMISSÁRIO

Essa é muito forte!

LISÍSTRATA

Ainda que vocês não queiram, vamos salvá-los.

COMISSÁRIO

Essa não!

LISÍSTRATA

Eu sei que vocês não vão gostar, mas pouco importa.

COMISSÁRIO

Mas vocês não têm o direito de fazer isso!

LISÍSTRATA

Mas temos o dever de salvá-lo, meu amigo.

COMISSÁRIO

Mesmo sem eu pedir?

LISÍSTRATA

Então? Principalmente se você não pedir.

COMISSÁRIO

Mas onde vocês foram buscar essa idéia de se meterem com a guerra e com a paz?

LISÍSTRATA

Nós vamos explicar.

COMISSÁRIO

Fazendo um gesto ameaçador.

Então fale depressa, senão vai levar umas bordoadas.

LISÍSTRATA

Pois escute e trate de ficar com as mãos bem quietinhas!

COMISSÁRIO

Não posso contê-las. Elas estão loucas para bater em alguém!

CLEONICE

Então bata em você mesmo!

COMISSÁRIO

Dirigindo-se a CLEONICE.

Qual é o caso, coroa? Você é que está precisando de umas palmadas!

A LISÍSTRATA.

Agora fale!

LISÍSTRATA

Falo mesmo. No princípio da guerra, nós, com a moderação própria das mulheres, suportamos tudo de vocês, homens (como vocês fizeram tolices!), pois vocês não nos deixavam abrir a boca. E vocês não faziam coisa alguma para nos agradar. Nós, que conhecíamos vocês muito bem, quando às vezes ficávamos sabendo de resoluções desastradas sobre assuntos importantíssimos, perguntávamos a nossos maridos: "Que foi que decidiram hoje na Assembléia a respeito da paz?" "Que é que você tem com isso?", dizia meu marido. "Cale-se!" E eu me calava.

CLEONICE

Ah! Mas eu não me calava!

COMISSÁRIO

Eu imagino o que sobrava para você quando você não se calava!

LISÍSTRATA

Pois eu me calava. As resoluções pioravam cada vez mais. E eu perguntava: "Mas, meu marido, como é que vocês podem fazer tantas tolices?" E ele, olhando para mim de cima para baixo, dizia: "Se você não voltar já para suas agulhas e linhas, vai ter! A guerra é assunto para homens, como dizia o poeta."

COMISSÁRIO

Esse camarada tinha razão!

LISÍSTRATA

Razão por quê, bobão? Vocês tomavam resoluções idiotas e nós não podíamos nem dar conselhos. Mas quando ouvíamos dizer nas ruas: "Não há mais homens nesta terra?" e a resposta "Não; acabou!", então fomos ficando impressionadas e resolvemos, num comício de mulheres, trabalhar unidas pela salvação da Grécia. Não podíamos mais esperar. Se vocês quiserem escutar quando dermos bons conselhos e souberem calar, como nós sabíamos, seremos a salvação de vocês.

COMISSÁRIO

Vocês, nossa salvação? É muita pretensão! Essa eu não agüento!

LISÍSTRATA

Então, cale-se!

COMISSÁRIO

Eu, calar, mandado por você? Você, que usa vestido? Que atrevimento!

LISÍSTRATA

Se o caso é esse, então eu lhe dou o vestido. Está aí. Vista-o e cale-se!

CLEONICE

Tome também estas agulhas de bordar e este pano. Depois puxe delicadamente o vestido, sente-se e fique bordando quietinho, ruminando qualquer coisa. E ouça bem: "A guerra passou a ser assunto para mulher!"

1ª MULHER

Dirigindo-se às outras.

Mulheres! Deixem os vasos aí e vamos ajudar nossas amigas lá dentro!

Saem todas as mulheres, menos LISÍSTRATA, CLEONICE *e* MIRRINA.

LISÍSTRATA

Mas se o doce amor encher nosso corpo de desejos e deixar os homens com um entusiasmo de endurecer o... coração, creio que mereceremos as maiores recompensas.

COMISSÁRIO

Por haver feito o quê?

LISÍSTRATA

Por haver feito com que não haja mais soldados fanfarrões desfilando sua vaidade nas ruas!

CLEONICE

Isso mesmo!

LISÍSTRATA

Pois atualmente as ruas estão repletas deles, passeando cheios de armas e pose, mais duros que postes!

COMISSÁRIO

É a atitude que convém aos bravos.

LISÍSTRATA

Com toda bravura, fica muito ridículo andar por aí de capacete e escudo fazendo comprinhas...

CLEONICE

Exatamente! Um dia desses vi um comandante de cavalaria parado perto de uma vendedora ambulante, montado, tomando sopa de legumes no capacete. Vi outro com suas armas treinando a pontaria em figos e azeitonas, assustando todo mundo...

COMISSÁRIO

Mas como vocês conseguirão acabar com essa desordem toda que há por aí?

LISÍSTRATA

Com a maior simplicidade.

COMISSÁRIO

Pois explique!

LISÍSTRATA

Como nós fazemos quando estamos bordando. Se a linha embaraça, é porque há um nó e então desfazemos o nó. Do mesmo modo, vamos desfazer esse nó chamado guerra e outros.

COMISSÁRIO

Ah!... Então é com linhas e agulhas que vocês pretendem dar jeito em tudo quanto é situação complicada? Que bobagem!...

LISÍSTRATA

Sim senhor! Se vocês tivessem juízo, prestariam mais atenção à nossa linha para não fazerem feio em todas as situações complicadas.

COMISSÁRIO

Como? Vamos! Diga!

LISÍSTRATA

Primeiro, só usaríamos a linha dura. Depois, é tanta gente querendo ocupar os cargos públicos que é como se se quisesse enfiar uma porção de linhas ao mesmo tempo no buraco de uma agulha só. Isso não vai mais acontecer! Só entra na agulha linha fina. Linha que pretenda engrossar não entra! Mas para os esforços maiores cada um terá de cooperar com sua linha até formarmos uma corda bem forte, obra da boa vontade de todos, nacionais e estrangeiros. Mais ainda: com muita linha poderemos fazer tecidos para vestir o povo todo!

COMISSÁRIO

Não é mesmo um desaforo misturar assuntos tão sérios com linhas e agulhas? Bem se vê que elas nunca tomaram parte numa guerra!

LISÍSTRATA

Você é mesmo retardado! O fato é que nós, as mulheres, sofremos duplamente com a guerra. Primeiro, quando levam nossos filhos para combater...

COMISSÁRIO

Cale a boca, mulher! Não fique recordando coisas tristes!

LISÍSTRATA

... Depois, quando o natural seria experimentar os prazeres da vida e gozar a mocidade com nossos maridos, ficamos em casa sozinhas por causa da guerra. Não quero nem falar no que nós, as casadas, sofremos com isso, mas para as solteiras ainda é pior, pois elas envelhecem solitárias em seus quartos. Sabe lá o que deve ser isso?

COMISSÁRIO

E os homens, por acaso, não envelhecem?

LISÍSTRATA

Ora, comissário! Não é a mesma coisa! Um homem quando volta da guerra, por mais velho que seja, trata logo de casar com uma gatinha. E a mulher, que tem a vida ativa mais curta? Se não aproveitar essa fase, ninguém mais vai querer casar com ela. A solteirona passa o resto da vida esperando uma coisa que não vem....

COMISSÁRIO

Mas todo homem, como eu, ainda é capaz de dar o que vocês querem...

LISÍSTRATA

Essa é fina! Logo você, que não sei o que está esperando para morrer! O chão está aí; é só arranjar um buraco. Eu até ajudo a enterrar.

CLEONICE

E eu faço uma mortalha.

MIRRINA

E eu ponho uma coroa em cima.

LISÍSTRATA

Então? Não falta mais nada. A morte está chamando. Vá logo!

As mulheres afastam-se.

COMISSÁRIO

Empertigando-se.

Isso é molecagem! Que maneira grossa de tratar uma autoridade! Mas isso não fica assim! Vou contar tudo aos outros comissários!

O COMISSÁRIO retira-se.

1º VELHO

Dirigindo-se aos outros velhos.

Não podemos dormir no ponto, pessoal. Vamos enfrentar a situação, que não está cheirando bem.

2º VELHO

Para mim, esse cheiro não é propriamente da situação; é de coisa pior. Sinto no ar um cheirinho de... ditadura!... Se há alguma espartana nisso, na certa ela está conspirando com as outras mulheres para pôr a mão em nosso dinheiro!

1º VELHO

É mesmo! Elas ainda têm coragem de censurar os homens! E ficam falando de guerra como se fosse ocupação delas! E ainda por cima querem nos reconciliar com os espartanos! Quem é que pode confiar neles? Um lobo de goela aberta merece mais confiança! Isso tudo me parece um golpe para impor a ditadura! Mas comigo não! Ditadura não é para homem! Estou de olho vivo! Vou me armar dos pés à cabeça e vou para a praça pública! Essa velha maldita vai ver! Vou dar um soco no queixo dela!

As mulheres reaparecem.

1ª MULHER

Ah!... É? Pois quando você voltar para casa, nem a sua mãe vai reconhecê-lo.

Dirigindo-se às outras mulheres.

Vamos tirar logo um pouco dessas roupas que estão atrapalhando nossos movimentos.

Dirigindo-se aos velhos.

Vocês não crêem que eu possa dar bons conselhos à cidade? Não é crime ter nascido mulher, e o sexo não me impede de ter idéias melhores que as que andam por aí. Posso dar ao país outras coisas boas além dos filhos que já dei! E vocês? Não dão mais nada!

Dirigindo-se ao 1º VELHO.

Se você tentar qualquer coisa, eu tiro meu sapato e lhe bato com o salto no queixo!

2º VELHO

É o cúmulo da insolência! E a coisa ainda vai piorar! Mas temos de pôr um fim nessa calamidade! Afinal, ainda somos homens dos pés à cabeça. Vamos também tirar nossas túnicas para elas verem! Nós não andamos cheios de roupas como vocês! Ih! Estou sentindo um entusiasmo juvenil! Vamos sacudir nossa velhice e dar asas a nosso corpo! Vamos sair para a briga!

1º VELHO

Isso mesmo! Se cedermos um passo, essas engraçadinhas tomarão conta de tudo! Daqui a pouco, elas vão querer substituir os homens até na cavalaria. E nisso elas têm mais facilidade, pois não há nada que atrapalhe na hora de montar... Vamos, pessoal! Vamos pôr umas coleiras no pescoço delas!

2ª MULHER

Se a coisa continuar esquentando, eu vou acabar fervendo e vai sobrar bolha em você!

Às outras mulheres.

Se o caso é de mostrar a... valentia, vamos tirar mais roupa, para eles verem como nós estamos tinindo de raiva! Quem quiser apanhar primeiro, venha! Se um de vocês disser mais uma palavra contra mim (não agüento mais!), eu vou sentar em cima da... valentia de alguém!

1ª MULHER

Gostei de ver! Enquanto tivermos amigas como Lampito e minha companheira da Beócia, não sentirei medo de homem algum! Vocês não podem passar sem nós! Sozinhos vocês só sabem fazer decretos! Enquanto nós não pegarmos vocês pelas... pernas e jogarmos num precipício para quebrar o pescoço, vocês não pararão de fazer esses decretos horrorosos!

Vendo LISÍSTRATA aparecer à porta com ar preocupado.

Que ar contrariado é esse, chefa?

LISÍSTRATA

Raça ruim a das mulheres! Se eu não fosse durona, já teria desanimado com a fraqueza delas! Parecem gatinhas de coração mole. E eu fico andando de um lado para outro sem saber o que fazer!

1ª MULHER

Será possível? Será possível?

LISÍSTRATA

É verdade!... É verdade!

1ª MULHER

Mas a coisa é tão grave? Diga a suas amigas!

LISÍSTRATA

É duro falar e mais duro ainda calar!...

1ª MULHER

Não esconda nada de mal que esteja acontecendo!

LISÍSTRATA

Em poucas palavras, estão todas malucas lá dentro!

1ª MULHER

Que horror! Valha-nos Deus!

LISÍSTRATA

Não adianta pedir o auxílio divino. O caso é sério mesmo. Já não consigo mantê-las longe dos maridos; elas fogem. Surpreendi uma, há poucos instantes, abrindo uma brecha no muro; outra descia para a rua por uma corda; outra saiu correndo ao encontro do inimigo; outra já estava para se atirar nos braços do marido quando eu puxei a tarada pelos cabelos. Deu tudo quanto foi desculpa para voltar para casa. Olhe ali uma correndo! Ei! Aonde vai você nessa carreira?

5ª MULHER

Tenho de ir lá em casa! Deixei uns vestidos de lã no armário. Na certa vai dar mofo.

LISÍSTRATA

Mofo? Volte já para dentro!

5ª MULHER

Mas eu volto num instantinho! É só o tempo de estender os vestidos na cama...

LISÍSTRATA

Estender na cama... Já percebi tudo! Faça o favor de não tentar fugir!

5ª MULHER

Mas você quer que eu fique sem vestido?

LISÍSTRATA

É exatamente o que eu não quero!

6ª MULHER

Sou uma infeliz! Esqueci umas coisas muito importantes lá em casa...

LISÍSTRATA

Lá vem outra querendo coisas que deixou em casa!... Entre!

6ª MULHER

Juro que é só pegar a coisa e voltar! Só um minutinho!

LISÍSTRATA

Você não vai pegar coisa alguma, senão todas vão querer pegar, e adeus juramento!

7ª MULHER

Ai! Ai! Que dor! Tomara que o parto demore um pouco até eu chegar em casa!

LISÍSTRATA

Que bobagem é essa?

7ª MULHER

A qualquer momento eu vou ter criança.

LISÍSTRATA

Ter criança? Você ontem não estava nem grávida!...

7ª MULHER

Mas hoje estou... Deixe-me ir para casa, Lisístrata! Estou precisando de uma parteira já e já!

LISÍSTRATA

Estou desconfiada da gravidez dela...

Apertando o ventre da mulher.

Que coisa dura é essa aí?

7ª MULHER

É um menino...

LISÍSTRATA

Essa não! Parece uma coisa oca, de metal...

Levantando o vestido da mulher.

Engraçadinha! É um capacete de bronze! E você dizendo que estava grávida!

7ª MULHER

Estou sim! Garanto que estou grávida!

LISÍSTRATA

Então por que você está com esse negócio aí?

7ª MULHER

Se não desse tempo de chegar em casa e a criança nascesse por aqui mesmo, eu ajeitava a criança no capacete...

LISÍSTRATA

Pura conversa! Você vai ter a criança aqui mesmo!

8ª MULHER

Eu não vou poder dormir aqui depois que vi uma cobra...

1ª MULHER

Eu também tenho tido uma insônia horrorosa por causa dos pios das corujas...

LISÍSTRATA

Vocês são todas umas tolas! Chega de tagarelice! Eu sei muito bem o que vocês estão querendo: os maridos. E vocês pensam que eles também não nos querem? Devem estar passando noites horríveis. Mas agüentem firmes, minhas valentes amigas, e tenham um pouco mais de paciência. Descobri uma profecia que garante a nossa vitória se continuarmos unidas.

1ª MULHER

Então leia a profecia!

LISÍSTRATA

Se vocês fizerem silêncio.

Lê.

"Quando as tímidas pombinhas fugindo aos pintos se reunirem encolhidas num mesmo lugar e fizerem um pouco de jejum do que elas mais gostam, seus males cessarão; o que estava por baixo ficará por cima."

1ª MULHER

Então vamos ficar por cima?

LISÍSTRATA

Continuando a ler.

"Mas se as pombinhas não se unirem e baterem asas, serão os pássaros mais infelizes do mundo."

1ª MULHER

A profecia está claríssima! Que bom!

LISÍSTRATA

Então não podemos fraquejar nessa prova, por mais dura que seja. Vai ser uma vergonha se nós fracassarmos, queridinhas!

As mulheres tornam a entrar na cidadela. Dias depois, vê-se LISÍSTRATA *fora das portas.*

LISÍSTRATA

Ei! Mulheres! Venham cá depressa!

MIRRINA

Que foi que aconteceu? Fale! Por que esses gritos?

LISÍSTRATA

Um homem! Vi um homem vindo para cá com um ar de tarado! Parece que ele não agüenta mais o jejum! Se a coisa continuar assim, vai sair tudo como nós queremos!

MIRRINA

Onde está ele? Quem será o infeliz?

LISÍSTRATA

Lá vem ele naquela curva! Alguma de vocês o conhece?

MIRRINA

Eu conheço! É meu marido!

LISÍSTRATA

Agora você vai cozinhá-lo em fogo brando, excitá-lo, prometer, tirar o corpo fora, dar tudo menos o... que você prometeu não dar.

MIRRINA

Fique tranqüila; é isso mesmo que vou fazer!...

LISÍSTRATA

Ótimo! Em todo caso, vou ficar aqui para ajudar você a excitá-lo, a acabar de tocar fogo nele.

Dirigindo-se às outras mulheres.

Vão todas lá para dentro.

Retiram-se as mulheres, menos LISÍSTRATA e MIRRINA. Entra CINÉSIAS, marido de MIRRINA, seguido de um criado com uma criança ao colo.

CINÉSIAS

Como sou infeliz! Estou até sentindo tonteiras! Meu corpo está todo duro. Não suporto mais esta tortura!

LISÍSTRATA

Quem vem lá?

CINÉSIAS

Eu!

LISÍSTRATA

Um homem?

CINÉSIAS

Um bocado homem!

LISÍSTRATA

Então dê o fora!

CINÉSIAS

Quem é você para me mandar embora?

LISÍSTRATA

A sentinela do dia!

CINÉSIAS

Então, pelo amor de Deus, vá chamar Mirrina!

LISÍSTRATA

Fique bonzinho aí que eu talvez chame Mirrina. Mas quem é você?

CINÉSIAS

O marido dela, Cinésias!

LISÍSTRATA

Ah!... Bom dia, meu caro! Já sei quem você é! Sua mulher não tira seu nome da boca! Quando ela vê uma fruta ou um ovo, diz logo: "Ah! Se o Cinésias estivesse aqui!..."

CINÉSIAS

Ah!... Ela diz isso?

LISÍSTRATA

Diz sim! E quando nós estamos falando de nossos maridos ela diz logo: "Vocês precisavam conhecer meu marido!"

CINÉSIAS

Então vá chamá-la!

LISÍSTRATA

Se eu for, você me dá alguma coisa?

CINÉSIAS

Dou sim! Uma coisa que tenho aqui na mão! Não sei se você vai querer...

LISÍSTRATA

Está bem! Então vou chamá-la!

LISÍSTRATA afasta-se.

CINÉSIAS

Vá depressa! Minha vida não tem mais encanto depois que ela me abandonou. Não gosto nem de entrar na casa deserta. Não sinto gosto no que como. Não agüento mais. Todo mundo percebe o tamanho de minha... saudade!

MIRRINA

Sem ser vista, falando a LISÍSTRATA, ambas fora do palco.

Eu amo meu marido! Sim, eu amo Cinésias, mas ele não corresponde ao meu amor. Não adianta você me chamar que não vou falar com ele!

CINÉSIAS

Ah! Minha doce Mirrinazinha!... Por que você faz isso comigo? Desça até aqui!

MIRRINA

Não! Não vou!

CINÉSIAS

Então eu chamo e você não vem, Mirrina?

MIRRINA

Você está me chamando por chamar... Você não me quer para nada!

CINÉSIAS

Eu não quero você? Estou necessitado de você!

MIRRINA

Adeus! Vou lá para dentro!

CINÉSIAS

Ouça ao menos seu filho!

Ao filho.

Ei! Você não chama sua mãe?

O FILHO

Mamãe! Mamãe! Mamãe!

CINÉSIAS

É o cúmulo! Que é que há com você? Você não tem pena nem de seu filho, que não toma banho e não mama há seis dias?

MIRRINA

É claro que tenho pena dele, pois o pai dele é muito mau.

CINÉSIAS

Desça, diabinha! Tenha pena do menino!

MIRRINA

Ser mãe obriga a cada sacrifício!... Tenho de descer! Não posso deixar de descer!

MIRRINA aparece.

CINÉSIAS

À parte.

Ela parece até mais nova! Que olhar sensual! Este pouco caso dela ainda me deixa mais tarado!

MIRRINA

Correndo para o filho e abraçando-o.

Ah! Filhinho tão bonzinho de um pai tão ruim! Deixe que eu abrace você, filhinho da mamãe!

CINÉSIAS

Por que você faz isso, malvada? Não vá na conversa dessas mulheres! Você me faz sofrer e sofre também!

Tenta abraçar MIRRINA.

MIRRINA

Não ponha a mão em cima de mim!

CINÉSIAS

E as coisas lá em casa, as minhas e as suas, que estão se estragando?

MIRRINA

Que é que eu tenho com isso?

CINÉSIAS

Pois fique sabendo que as galinhas estão arrastando seus vestidos pelo quintal.

MIRRINA

Não estou dando a mínima importância!

CINÉSIAS

E o amor que nós fazíamos todas as noites? Você também não está ligando?

MIRRINA

Enquanto vocês não votarem pela paz, não.

CINÉSIAS

Está bem!... Se não há outro jeito, acaba-se com a guerra!

MIRRINA

Que ótimo! Quando vocês fizerem a paz, volto para casa. Enquanto durar a guerra, eu jurei não fazer isso que você quer.

CINÉSIAS

Ao menos deite um instantinho comigo...

MIRRINA

Não! Apesar de eu amar muito você, não!

CINÉSIAS

Você me ama? Então por que você ainda não está deitada, Mirrinazinha?

MIRRINA

Você é um inconseqüente! Na presença do menino?

CINÉSIAS

Não seja por isso!

Ao criado.

Leve o garoto para casa, Manes.

O criado obedece.

Pronto! O menino não atrapalha mais.

Pausa.

Você não deita?

MIRRINA

Mas onde poderíamos fazer... isso?

CINÉSIAS

Olhando em volta.

Onde? Ali na gruta de Pã!

MIRRINA

Mas como, homem? A gruta é consagrada ao deus! Seria pecado!

CINÉSIAS

Com ar de embaraço.

É mesmo!... Mas você depois toma um banho na fonte que fica pertinho da gruta. Ela também é consagrada a Pã e você lava o... pecado!

MIRRINA

É... Mas o meu juramento? Você quer que sua mulher cometa perjúrio, desastrado?

CINÉSIAS

Que a culpa caia toda em cima de mim! Pronto! Não pense mais no juramento!

MIRRINA

Está bem, está bem!... Vou buscar alguma coisa para deitarmos em cima... Um colchão...

CINÉSIAS

Para que colchão? No chão mesmo é bom!

MIRRINA

Não senhor! Apesar de você ser muito ruim eu não quero esse desconforto para você!

Sai.

CINÉSIAS

E minha mulher me ama! Vocês estão vendo? Imaginem se não amasse!...

MIRRINA

Voltando com um colchão.

Pronto! Deite depressa enquanto eu tiro a roupa.

Pausa.

Chi! Esqueci uma coisa! Tenho de ir buscar um lençol!

CINÉSIAS

Para que lençol, mulher? De minha parte dispenso!

MIRRINA

Eu sei, mas não fica bem em cima do colchão áspero!

CINÉSIAS

Então me dê um beijinho!

MIRRINA

Espere um pouco!

Sai.

CINÉSIAS

Hum! Volte depressinha!

MIRRINA

Trazendo o lençol.

Está aqui o lençol. Agora deite; eu tiro a roupa num instantinho!

CINÉSIAS deita-se.

Ih! Esqueci outra coisa! Você não vai ficar sem travesseiro!

CINÉSIAS

Mas não é disso que eu preciso!

MIRRINA

Saindo.

É, mas eu preciso!

CINÉSIAS

Francamente! Este infeliz vai acabar morrendo de excesso de entusiasmo!

MIRRINA

Voltando com o travesseiro.

Agora estou com tudo.

CINÉSIAS

Com quase tudo... Deite logo, meu tesouro!

MIRRINA

Olhe! Já estou desatando meu cinto. Mas lembre-se! Não vá me enganar a respeito da paz! Não vá me decepcionar!

CINÉSIAS

Esfregando as mãos.

Não, eu garanto! Senão eu morro!

MIRRINA

Está bem.

Pausa.

Mas não sei onde estou com a cabeça! Você não tem um cobertor!

CINÉSIAS

Essa não! Eu não quero cobertor! Quero é fazer amor!

MIRRINA

Saindo.

Fique bonzinho que você vai ter amor, mas com cobertor...

CINÉSIAS

Essa mulher vai me matar com o cobertor dela!

MIRRINA

Voltando com o cobertor.

Fique em pé. Está aqui o cobertor.

CINÉSIAS

"Ele" já está em pé...

MIRRINA

Você quer um pouquinho de perfume?

CINÉSIAS

Não, pelo amor de Deus! Não quero!

MIRRINA

Você pode não querer, mas eu quero.

Sai.

CINÉSIAS

Tomara que o perfume derrame no caminho!

MIRRINA

Voltando com um vidrinho.

Abra a mão!

Derrama um pouco de perfume.

Agora esfregue-se!

CINÉSIAS

Cheirando a mão.

Como cheira mal esse perfume! É capaz até de apagar fogo... Isso não é coisa para se usar em noite de núpcias...

MIRRINA

Observando o vidrinho.

Mas eu sou mesmo uma errada!... Trouxe o falsificado!

CINÉSIAS

Não faz mal! Esse mesmo serve, com todos os diabos!

MIRRINA

Você é muito compreensivo, meu bem, mas este não serve!

Sai.

CINÉSIAS

Que vá para o inferno quem inventou os perfumes.

MIRRINA

Voltando.

Agora sim! Tome este vidrão redondo!

CINÉSIAS

Eu já tenho um aqui... Vamos, malvada! Deite-se e não me traga mais nada! Faça o seu papel de mulher!

MIRRINA

É o que vou fazer. Já estou me descalçando. Mas, queridinho, não esqueça de votar primeiro pela paz!

Sai correndo.

CINÉSIAS

Arrasado.

Ela me matou, essa mulher, e para rematar foi embora, depois de ficar para cima e para baixo esse tempo todo! Sou um infeliz! Que será de mim? Onde é que vou entrar, agora que a mais bonita das mulheres me deixou neste estado? Como é que vou consolar essa criança? Alguém vai ter de fazer o que aquela malvada não fez!

Reaparece um dos velhos que antes haviam ficado em trajes menores para brigar com as mulheres.

1º VELHO

Dirigindo-se a CINÉSIAS.

Que estado deplorável, infeliz! Parece que uma grande decepção está roendo sua alma, velhinho! Eu vi tudo de longe. Como é que você agüentou? Como é que o seu... coração suportou essa prova? Você até parece que criou rabo no lado oposto!

CINÉSIAS

Ah! Meu Deus! Que arrepios horríveis!

1º VELHO

A que estado ela reduziu você, essa criminosa, essa bandida!

CINÉSIAS

Não fale dela assim! Diga "essa coisinha querida, essa doçura"!

1º VELHO

Doçura? Malvada é o que ela é! Se eu fosse você, jogaria essa tratante para o ar e deixaria que ela caísse espetada nesse negócio que está fazendo você sofrer!

Entra um EMBAIXADOR de Esparta, no mesmo estado de CINÉSIAS. Atrás dele vem um MINISTRO do governo ateniense.

EMBAIXADOR

Onde é o Senado de Atenas? Ou então, onde estão os ministros? Tenho novidades a dizer.

MINISTRO

Quem é você? Um homem ou um saca-rolhas?

EMBAIXADOR

Sou embaixador, meu caro. Estou chegando de Esparta para tratar da paz.

MINISTRO

Mas você vem tratar da paz com essa lança apontando para nós?

EMBAIXADOR

Isto não é lança...

MINISTRO

Então por que sua roupa está toda repuxada na frente, a certa altura? Será um tumor que cresceu durante a viagem?

EMBAIXADOR

À parte.

Esse homem está maluco!

MINISTRO

Levantando a túnica do EMBAIXADOR.

Não é tumor, não! Não adianta disfarçar!

EMBAIXADOR

Que negócio é esse? Chega de maluquices!

MINISTRO

Então, que é isso aí?

EMBAIXADOR

Virando as costas para o público e levantando a túnica.

Veja!

MINISTRO

Virando também as costas para o público e levantando a túnica.

Veja também! Já percebi tudo! Pode dizer a verdade. Como vão as coisas lá em Esparta?

EMBAIXADOR

Esparta inteira está parada. Nossos aliados também. Precisamos urgentemente de nossas mulheres.

MINISTRO

Qual é a causa dessa... doença? Algum castigo divino?

EMBAIXADOR

Não. Foi Lampito quem começou. Depois todas as mulheres, como se fossem uma só, aderiram a essa greve de sexo.

MINISTRO

E como vocês estão passando?

EMBAIXADOR

Mal. Andamos até meio caídos para a frente, pois não agüentamos o peso da... lança. E as mulheres não se comovem: só acabarão a greve quando for votada a paz em toda a Grécia.

MINISTRO

Então é uma greve geral das mulheres. Agora estou entendendo! Pois vá dizer já a seu governo que nos envie representantes com plenos poderes para negociar a paz! E eu vou já à Assembléia tratar da eleição de nossos delegados à conferência da paz, depois de mostrar aos deputados o... que você já viu.

EMBAIXADOR

Vou voando! Sua opinião é a mais sensata possível!

Saem o EMBAIXADOR pela esquerda e o MINISTRO pela direita. Reaparecem as mulheres que tinham ficado em trajes menores a fim de brigar com os velhos.

1º VELHO

Não há fera mais indomável que a mulher, nem fogo mais destruidor. Nem a pantera é mais traiçoeira!

1ª MULHER

Você sabe de tudo isso e no entanto quer brigar conosco, quando podia ter em nós as aliadas mais seguras, velho injusto!

1º VELHO

Pode dizer o que quiser, mas eu continuarei odiando as mulheres!

1ª MULHER

Pois continue, mas estou com pena de você assim quase nu. Você está ridículo! Venha cá! Vou pôr uma túnica em você.

Põe a túnica.

1º VELHO

Ah! Que gostoso! Vocês são muito boazinhas! Quando eu tirei a túnica estava zangadíssimo.

1ª MULHER

Agora sim, você parece um homem! Já não está ridículo.

Chegando mais perto.

Você está com o olho tão vermelho! Se você não tivesse me xingado tanto, eu tirava esse argueiro que você deve ter no olho!

1º VELHO

Então era por isso que eu estava chorando!... Pois tire e me mostre. Esse negócio está me incomodando há muito tempo.

1ª MULHER

Está bem. Então vou tirar, apesar de seus desaforos.

Aproximando-se mais do velho e examinando-lhe o olho.

Ih! Que coisa grossa! Parece uma tora!

Tira o argueiro.

1º VELHO

Muito obrigado! Você me prestou um grande serviço. As lágrimas estão até rolando!

1ª MULHER

Vou enxugá-las, embora você seja muito malvado. Vou dar um beijinho no olho para ele ficar bom logo.

1º VELHO

Não me beije!

1ª MULHER

Mesmo que você não queira, eu beijo!

1º VELHO

Chegue para lá, aduladora! Os poetas têm razão quando dizem que com essas pestes a coisa vai mal e sem essas pestes vai pior. Pois bem! Agora faremos as pazes com vocês. Não maltrataremos mais vocês, nem vocês nos maltratarão. Vamos! Todo mundo junto para comemorar!

Aparece a delegação de Esparta para negociar a paz.

1º VELHO

Olhem lá! Está chegando a delegação de Esparta! Sejam bem-vindos, espartanos! Qual é o caso?

EMBAIXADOR

Você ainda pergunta?

Virando-se de costas para o público juntamente com os outros delegados espartanos.

Veja o estado em que estamos!

1º VELHO

Poxa! O mal de vocês cresceu barbaramente e a inflamação parece ter piorado...

EMBAIXADOR

Está insustentável! Preciso dizer mais alguma coisa? Viemos para fazer a paz de qualquer maneira, incondicionalmente!

1º VELHO

O pessoal daqui também está vindo para cá. O mal deles também está enorme. Todo mundo vê.

Chega a delegação ateniense.

MINISTRO

Quem sabe onde está Lisístrata.

Virando-se de costas para o público juntamente com os demais atenienses.

Vejam como estamos!

1º Velho

Apontando para os espartanos.

Gozado! Eles estão com a mesma doença!... Ela ataca mais de manhã, ao levantar?

Ministro

Que nada! A essa nós estávamos acostumados, mas agora, se não houver uma reconciliação já, vamos ter de inventar um substituto para as mulheres... Caros amigos espartanos, o que está acontecendo é vergonhoso!

Embaixador

É mesmo. Aparecer diante de vocês neste estado!...

Ministro

Mas vamos ao que interessa. Para que vocês estão aqui?

Embaixador

Pela paz, como enviados plenipotenciários de Esparta.

Ministro

Ótimo! Nós, atenienses, estamos aqui para o mesmo fim. Acho melhor chamarmos logo Lisístrata. Só ela pode resolver nosso problema.

Embaixador

Boa idéia! Em último caso, um Lisístrato também serve...

Ministro

Não precisamos mandar chamá-la. Ela já vem aí.

Reaparece LISÍSTRATA.

1º VELHO

Salve a bravura em pessoa! Chegou a hora da senhora mostrar que é terrível e condescendente, malvada e boa, altiva e camarada, profunda conhecedora dos homens! Os gregos mais ilustres, conquistados por seus encantos, madame, abrem passagem e submetem suas querelas à decisão da senhora!

LISÍSTRATA

Não haverá dificuldades, pois estou diante de homens que desejam o que há de mais natural. Vamos já experimentar. Onde está a Conciliação?

A CONCILIAÇÃO, personificada por uma bonita mulher sumariamente vestida, aparece trazida pelas outras mulheres; LISÍSTRATA dirige-se a ela.

Traga para cá primeiro os espartanos, não com severidade e arrogância, como se fazia antes, mas gentilmente, como convém às mulheres. Segure pela parte mais saliente os que não quiserem dar a mão.

A CONCILIAÇÃO traz os espartanos para onde está LISÍSTRATA.

Muito bem. Agora traga os atenienses, segurando-os por onde eles preferirem.

A CONCILIAÇÃO traz os atenienses.

Espartanos, fiquem aqui perto de mim. Vocês, atenienses, fiquem deste lado. Ouçam todos o que vou dizer. Sou mulher mas tenho cabeça para pensar. Além de ter minhas idéias, ouvia as conversas de meu pai e de pessoas mais experimentadas. Por isso, sei o que estou dizendo. Agora que vocês estão em minhas mãos, quero dizer umas verdades e fazer umas censuras merecidas. Vocês têm de unir-se para não perecerem!

1º VELHO

Olhando a CONCILIAÇÃO com ar de tarado.

Já estou convencido só de "ver" os "argumentos" dela!

LISÍSTRATA

Vocês, espartanos, têm sido muito injustos com os atenienses. Parecem até esquecidos de que são todos gregos e de que muitas vezes foram ajudados e até salvos por eles.

MINISTRO

Isso mesmo, Lisístrata! Eles são de morte. Vivem atacando nosso litoral.

EMBAIXADOR

À parte e apontando para a CONCILIAÇÃO.

Se eu pudesse, atacava agora mesmo as costas dela! Que beleza de "litoral"!...

LISÍSTRATA

E vocês, atenienses, não se julguem melhores que os espartanos. Se vocês pensassem um pouco, perceberiam que eles fizeram mais bem do que mal a vocês até hoje!

EMBAIXADOR

Nunca vi mulher pegar as coisas tão bem!

MINISTRO

Apontando para a CONCILIAÇÃO.

E eu nunca vi uma coisa assim!

LISÍSTRATA

Por quê, então, vocês guerreiam? Por que vocês não acabam com essas divergências e se reconciliam de uma vez por todas? Vamos! Qual é a dificuldade?

EMBAIXADOR

Se soubéssemos que a Conciliação era assim, já estaríamos nos braços dela há muito tempo!

MINISTRO

Nós também queremos a Conciliação! Primeiro nós!

LISÍSTRATA

Calma! Calma! Ela será de todos. A Conciliação dará tudo que vocês querem quando as negociações de paz forem concluídas. Agora vão consultar todos os outros gregos.

MINISTRO

Para quê? Quem não vai querer essa Conciliação?

LISÍSTRATA

Então, aprontem-se, enquanto nós, as mulheres, vamos fazer os preparativos lá na cidadela para recebê-los da melhor maneira possível e oferecer a vocês o que temos de mais gostoso. Durante a recepção, acertaremos as coisas e trocaremos juramentos de paz. Depois, cada um sairá com sua mulher.

LISÍSTRATA torna a entrar na cidadela.

MINISTRO

Oba! Vamos depressa, pessoal!

EMBAIXADOR

Não quero nem saber para onde: já estou indo!

MINISTRO

Corram!

Batendo à porta da cidadela.

Mulheres, chegamos! Abram as portas! Abram, senão eu toco fogo em vocês.

À parte.

Eu ia até esquecendo que não estamos mais brigados! Abram! Se vocês não abrirem, nós arrombamos!

EMBAIXADOR

Arrombar é conosco! Como é, mulheres? Vamos para casa? Se vocês não forem já, vão ter muito que chorar! Elas estão saindo!

Abrem-se as portas. As mulheres saem e confraternizam ruidosamente com os homens.

MINISTRO

Espartanos, agarrem suas mulheres! Atenienses, segurem as suas! Isso! Os maridos perto das mulheres, as mulheres grudadas nos maridos. Depois de festejar esse final feliz com danças em honra dos deuses, tratemos de evitar no futuro os mesmos erros que nos deixaram por tanto tempo sem... PAZ!

Efusões gerais; danças e cantos.

A Revolução das Mulheres

Época: cerca de 400 a.C.
Local: Atenas.

PERSONAGENS

VALENTINA (Praxágora no original), cerca de 40 anos, casada com Blêpiro, chefa da revolução
1ª MULHER, mesma idade, amiga de Valentina
2ª MULHER, idem, idem
3ª MULHER, idem, idem
BLÊPIRO, cerca de 60 anos, marido de Valentina
UM HOMEM, mesma idade, vizinho de Blêpiro
CREMES, mesma idade, amigo de Blêpiro
UM HOMEM, cerca de 40 anos, interlocutor de Cremes
SECRETÁRIA, auxiliar de Valentina, cerca de 40 anos
1ª VELHA, cerca de 50 anos
MOÇA, cerca de 20 anos
RAPAZ, cerca de 25 anos
2ª VELHA, cerca de 60 anos
3ª VELHA, cerca de 70 anos
Várias mulheres, participantes da revolução
Mulher encarregada dos pregões
CARREGADORES

Cenário

Praça pública em Atenas, de onde saem duas ruas. Ainda é noite. Estão reunidas várias mulheres.

VALENTINA

Com uma lanterna na mão e olhando ansiosa para as duas ruas.

Será possível? Apesar de termos combinado tudo direitinho em nossa última reunião secreta, nenhuma das nossas correligionárias apareceu até agora! E está chegando a hora da assembléia! Temos de ocupar já os lugares onde até agora os homens públicos falavam das mulheres públicas. É hora de sentar nossas

apontando para certa parte do corpo

pessoas nos melhores lugares antes que lá cheguem os homens.

Pausa; torna a olhar as duas ruas.

Que estará acontecendo? Será que não conseguiram as barbas postiças? Ou terão tido dificuldades para roubar as roupas dos maridos?

Nova pausa; aparece ao longe uma mulher caminhando com uma lanterna na mão.

Finalmente vejo uma luz que se aproxima!

Dirigindo-se às outras mulheres.

Vamos nos esconder! Pode ser um homem!

VALENTINA e as outras mulheres recuam até a esquina da outra rua; pela primeira rua entra uma mulher, logo seguida de outras, todas vestidas de homem.

1ª MULHER

Dirigindo-se a VALENTINA.

É tempo de marchar, pois o encarregado de convocar as assembléias já deu o segundo sinal quando eu vinha para cá!

VALENTINA

E eu passei a noite toda esperando vocês!

Encaminhando-se para uma das casas da praça.

Vamos, que vou chamar minha vizinha batendo delicadamente à porta, pois o homem dela não deve desconfiar de nada.

Bate levemente à porta.

2ª MULHER

Saindo de casa, vestida de homem.

Enquanto me calçava, ouvi o toc-toc de seus dedinhos, pois já estava bem acordada. Você sabe, querida, meu marido é funcionário público, dorme o dia todo, de modo que passa a noite inteira agindo por baixo das cobertas. Não dá uma folga! Só agora consegui apanhar a roupa dele; está aqui.

VALENTINA

Em voz alta às outras mulheres que iam chegando, também vestidas de homem.

Até que enfim vocês estão chegando! Lá vêm a Esquerdina e a Reformilde! Vocês querem fazer o favor de apressar-se! A Brigolina propôs que a última a chegar pagaria o cabeleireiro para todas.

2ª MULHER

Vejam só! Lá vem a Comiciana, toda desajeitada com as sandálias do marido! Aliás, deve ter sido a única que pôde sair calmamente de casa: o marido dela não é de nada!

1ª MULHER

E a mulher do padeiro, você está vendo? Lá vem a Populária de lanterna na mão! Agora é ela que vai agitar as massas!

VALENTINA

Entusiasmada.

O mulherio está chegando! Milhões! Todas as mulheres da cidade!

3ª MULHER

Foi com muita dificuldade, querida, que pude sair de casa cedo, pois meu marido tossiu a noite inteirinha, engasgado com uns amendoins que comeu na hora de deitar!

VALENTINA

Então vão sentando nesses bancos da praça. Agora que estamos todas juntas quero ver se as resoluções de nossa última reunião foram executadas devidamente.

3ª MULHER

De minha parte, sim.

Levantando lateralmente um braço.

Estou com as axilas mais peludas que um espanador, conforme combinamos. Além disso, toda vez que meu marido saía para vir discutir política eu tomava um pouco de sol, para parecer mais máscula.

2ª MULHER

Eu também! A primeira coisa que fiz foi deixar de me depilar com o aparelho de barba de meu marido, para ficar toda peluda, como um homem!

VALENTINA

E todas estão com as barbas que combinamos trazer?

1ª MULHER

Mostrando a barba postiça que traz na mão.

Veja que barba linda!

2ª MULHER

E a minha? Parece a do Lula.

VALENTINA

Dirigindo-se às outras mulheres.

E vocês, que dizem?

1ª MULHER

Elas dizem "sim" com a cabeça.

VALENTINA

Muito bem. Quanto ao resto, vejo que fizeram tudo como havíamos combinado. Estão com as roupas, com o calçado, com tudo dos maridos.

1ª MULHER

Bem... Com quase tudo...

VALENTINA

Então vamos traçar já os nossos planos, enquanto há estrelas no céu, pois a assembléia de que iremos tomar conta deverá estar reunida quando o sol nascer.

1ª MULHER

É isso mesmo; e também temos de garantir um lugar na tribuna melhor colocada.

2ª MULHER

Mostrando uma bolsa com lã e agulhas de tricô.

Eu ando sempre com isto; fico fazendo tricô enquanto a assembléia enche.

VALENTINA

Enche, sua errada?

2ª MULHER

Sim. Mesmo fazendo tricô, estarei ouvindo. Minhas crianças estão nuas!

VALENTINA

Vocês estão vendo? Fazer tricô!... Não esqueçam nossa combinação: não devemos deixar os homens verem nada de feminino em nós, principalmente qualquer parte de nosso corpo! Estaríamos fritas se, no meio de tanto homem, alguma de nós cruzasse graciosamente as pernas, mostrando a... diferença! Mas se ocuparmos logo os lugares, ninguém notará que estamos disfarçadas. E quando nos virem com as barbas que trouxemos, todos nos tomarão por homens de verdade. Conheço um *gay* que deixou a barba crescer e todo mundo agora passou a considerá-lo homem. Hoje ele é o tal! Por essas e outras, vamos dar o golpe, vamos tomar o poder para consertar o país! Agora as mulheres vão ficar por cima!

1ª MULHER

E como nós, as mulheres, criaturas delicadas e de coração fraco, iremos falar ao povo?

VALENTINA

Do melhor modo possível, pois dizem que falam melhor os homens mais rebolantes. Se o caso é rebolar, então está para nós!

1ª MULHER

Não sei... A inexperiência dá medo...

VALENTINA

É, mas estamos aqui para resolver o que vamos fazer na assembléia.

Dirigindo-se à 1ª MULHER.

Ajuste depressa a barba!

Dirigindo-se às outras mulheres.

Vocês também! E vamos treinar para falar!

2ª MULHER

E qual é a mulher que precisa treinar para falar?

VALENTINA

É sempre bom. Ponham as barbas e virem homens. Quanto a mim, porei na cabeça este chapéu de chefe e a barba, como vocês, para o caso de ter de falar.

Todas põem as barbas.

2ª MULHER

Venha cá, minha Valentinazinha! Olhe, meu bem, como a coisa parece ridícula!

VALENTINA

Como ridícula?

2ª MULHER

Parecemos espanadores com essas barbas!

VALENTINA

Sem ligar mais à 2ª MULHER e dirigindo-se a outra.

Secretário! Faça a chamada! Silêncio! O cidadão que está aí de pé, sente-se! Quem quer a palavra?

2ª MULHER

Eu!

VALENTINA

Suba à tribuna! Há um copo lá e boa sorte!

2ª MULHER

Subindo em um banco da praça.

Lá vai brasa!

VALENTINA

Pode falar!

2ª MULHER

Então devo falar sem antes beber alguma coisa?

VALENTINA

Vejam só! Beber!...

2ª MULHER

Para que serve, então, o copo que há na tribuna?

VALENTINA

É de água, para molhar a garganta seca! Já vi que você continua a mesma! Desça!

2ª MULHER

Ora essa! Os homens não bebem na assembléia?

VALENTINA

Você pensa que eles bebem o que você está querendo beber?

2ª MULHER

Exatamente. E bebida forte! Todas as leis, quando bem examinadas, parecem ter sido feitas por bêbedos bem perto da demência! E se não bebessem, como se explicariam as xingações, os palavrões que eles trocam?

VALENTINA

É melhor você sentar. Você não é de nada.

2ª MULHER

Descendo do banco.

Eu, hein? Antes não tivesse posto esta barba; ela não serve nem para me darem um golezinho!

VALENTINA

Alguém quer usar da palavra?

1ª MULHER

Levantando-se.

Eu!

VALENTINA

Pois suba à tribuna! Estamos em sessão.

A 1ª MULHER encaminha-se, rebolando, para um banco, onde sobe.

Não exagere no rebolado! Mas veja se fala como um homem!

1ª MULHER

Em tom oratório.

Agradar-me-ia mais que alguém, mais eloqüente e com idéias mais claras, viesse falar-lhes, permitindo-me continuar tranqüilamente sentado em meu lugar. Num momento como este, todavia, seria inadmissível o silêncio, agora que há coisas tão sérias a fazer como...

Pausa embaraçosa.

como mandar consertar essas calçadas de mosaico em que se prendem os saltinhos dos sapatos altos de nossas mulheres. É a minha opinião, por Nossa Senhora do Parto!

VALENTINA

"Por Nossa Senhora do Parto", sua errada! Onde você está com a cabeça?

1ª MULHER

Dei algum fora?

Olhando para a 2ª MULHER.

Afinal, eu não preciso beber para falar!

VALENTINA

Ora! Você está bancando o homem e invoca Nossa Senhora do Parto! Quanto ao resto, até que você falou bem.

2ª MULHER

Fazendo trejeitos de convencimento.

Ah! Meu Deus!

VALENTINA

Basta! Não darei mais um passo no sentido de tomar conta da assembléia enquanto não estiver tudo certinho!

Vai retirar a 1ª MULHER do banco que serve de tribuna.

1ª MULHER

Não! Eu fico na tribuna! Vou retomar a palavra, pois desta vez não direi bobagens.

Retomando o tom oratório.

Quanto a mim, mulheres aqui presentes...

VALENTINA

"Mulheres", desgraçada!... É assim que você se dirige a homens?

1ª MULHER

Pensei que estivesse no baile dos *gays*... Por isso imaginei estar falando a mulheres...

VALENTINA

Desça você também e vá sentar-se entre as outras. Eu mesma falarei em defesa de vocês, depois de subir à tribuna.

Sobe no banco e assume ares de orador.

"Elevo meu pensamento aos céus: que nossos projetos se realizem! Sou igual a todo mundo, mas não posso deixar de afligir-me ao ver o estado de decomposição em que se encontra a administração do país. Vejo-o sempre entregue a maus dirigentes. Se um é bom um dia, torna-se mau durante dez. Recorre-se a outro, é ainda pior. Sei que não é fácil dirigir homens difíceis de contentar. O povo tem medo de quem lhe deseja o bem e adula quem lhe faz o mal. Houve um tempo em que não tínhamos assembléias mas sabíamos que um mau elemento era mau elemento mesmo. Agora, que as temos, ouvimos aqueles que conseguem vantagens através de seus candidatos fazer-lhes os elogios mais rasgados; quem nada conseguiu diz que os políticos querem apenas ganhar milhões do povo sem fazer coisa alguma!"

2ª MULHER

Virgem Maria! Vá falar bem assim na Bahia!

VALENTINA

Desastrada! Invocando a Virgem Maria, como qualquer mulher! Você teria feito um papelão dizendo isso na assembléia.

2ª MULHER

Mas lá eu não diria.

VALENTINA

Então vá perdendo o hábito.

Continuando o discurso.

"E essas medidas salvadoras? Quando deliberam sobre elas, parece que o mundo acabaria se não fossem aprovadas; depois, tem-se vontade de matar o autor de tais projetos, tão grande é a decepção! É preciso aumentar os impostos? Os pobres se conformam, os ricos esbravejam!"

2ª MULHER

Que homem inteligente!

VALENTINA

Desta vez você me elogiou.

Continuando o discurso.

"E o povo é a causa de tudo isso, pois todo mundo cuida apenas dos próprios interesses, com a preocupação única de levar vantagens. E o pobre país vai aos trambolhões, como um bêbedo! Mas se acreditarem em mim ainda haverá salvação. É às mulheres, às mulheres — repito — que devemos entregar o Governo, da mesma forma que confiamos a elas a direção dos nossos lares!"

TODAS AS MULHERES

Muito bem! Muito bem! Fala, baiano!

VALENTINA

Continuando o discurso.

"Vou demonstrar agora que os costumes delas são melhores que os dos homens. Primeiro, elas são conservadoras: fazem tudo hoje como sempre fizeram (e os nossos governantes acham que só nos salvam com reformas e inconstância). Elas cozinham hoje como antigamente; fazem bolos como antigamente; amolam os maridos como antigamente; têm amantes como antigamente; comem pouquinho como antigamente; bebem pouquinho como antigamente; como antigamente trocam beijinhos! Homens aqui presentes! Confiemos o governo às mulheres sem maiores discussões. Nem perguntemos o que elas irão fazer, mas deixemo-las governar logo e bem! Pensemos um pouco: sendo mães, elas cuidarão de poupar a vida de seus filhos, de nossos soldados, evitando as guerras; para arranjar dinheiro, as mulheres são muito mais hábeis; nos cargos que ocuparão, ninguém as enganará, pois elas, que vivem enganando os homens, conhecem todos os truques e saberão defender-se. Quanto ao resto, nem vou falar. Se vocês acreditarem em mim, serão felizes para o resto da vida!"

1ª MULHER

Muito bem, meu doce de coco, e muito certinho. Mas onde você aprendeu tudo isso, meu bem?

VALENTINA

Ao invés de conversar com meu marido sobre a carestia da vida e os defeitos das empregadas, eu pedia a ele para me contar o que se passava na assembléia.

1ª MULHER

Não é de admirar então, meu bem, que você seja tão bem-falante e esperta. Portanto, nós todas confirmamos você, neste momento, como nossa chefa, a fim de que você possa realizar os seus projetos. Mas se algum político aparteasse você na assembléia? Se lhe dissesse desaforos, como você reagiria?

VALENTINA

Eu diria que ele estava dizendo bobagens.

1ª MULHER

Mas isso é o que eles dizem sempre!

VALENTINA

Eu diria também que ele estava falando palavrões!

1ª MULHER

Mas os políticos não dizem outra coisa uns aos outros!

VALENTINA

Eu diria ainda mais: que a mulher dele grita com ele em casa e ele quer se vingar gritando na assembléia!

1ª MULHER

E se eles tivessem a ousadia de mexer em você?

VALENTINA

Eu mexeria com eles, porque mexer eu sei, e muito bem!

1ª MULHER

Mas ainda há uma dúvida: e se mandassem os guardas da assembléia retirar você da tribuna à força?

VALENTINA

Pondo as mãos nas cadeiras.

E quem teria a ousadia de pôr a mão em mim?

1ª MULHER

É mesmo; e mesmo que pusessem nós obrigaríamos o atrevido a tirar a mão ainda que tivéssemos de puxar os cabelos dele e arranhá-lo todo!

Dirigindo-se à sua vizinha.

Tudo isso está combinado direitinho, mas há uma coisa em que não pensamos: como é que na hora de votar vamos lembrar de levantar os braços, nós, que só estamos acostumadas a levantar as pernas?

VALENTINA

Isso realmente vai ser difícil, mas de qualquer forma teremos de votar levantando o braço que a túnica deixa descoberto. Vamos! Ponham as túnicas, calcem as sandálias, como vocês vêem os maridos fazerem na hora de sair para a assembléia ou para outras reuniões políticas! Isso feito, ajustem as barbas; quando estiverem bem firmes, apanhem as mantas que vocês roubaram dos maridos e ponham-nas no ombro, marchem cantando alguma música patriótica, imitando os modos dos homens do interior.

1ª MULHER

Bem falado! Quanto a nós, vamos na frente, pois creio que mais mulheres estão vindo de outros bairros diretamente para a assembléia, de acordo com a nossa combinação.

VALENTINA

Mas não é preciso tanto retoque, tanta arrumação! Depressa, pois, segundo a tradição, quem não chegar ao romper do dia não tomará parte na assembléia.

3ª MULHER

Avançando de um grupo numeroso.

Já é tempo de marcharmos, homens! Esta palavra — lembremo-nos bem, mulheres — devemos repetir sem cessar; homens, homens, homens, para evitar descuidos desastrosos. Não será pequeno o perigo se nos apanharem tramando um golpe de audácia como esse.

TODAS AS MULHERES

Falando ao mesmo tempo.

Vamos para a assembléia! Vamos depressa para tomar conta dos lugares! Vamos votar, de braços erguidos! Vamos, amiguinhas! (Que digo? Deveria falar "camaradas"!) Sei que não iremos ganhar dinheiro com o golpe, mas ajamos desinteressadamente, como outrora, quando se tratava de política sem pensar em abiscoitar milhões!

Saem todas por uma das ruas marchando ruidosamente ao som de música marcial. Novo cenário; ruela; aparece BLÊPIRO, *homem idoso, meio para fora, meio para dentro da porta de sua casa; está com roupa e sapatos de mulher.*

BLÊPIRO

Que negócio é esse? Aonde terá ido minha mulher? O dia já vem raiando e ela não aparece. E eu na cama, em um aperto horrível, tentando apanhar no escuro meus chinelos e minha roupa!... Por mais que procurasse, não encontrava. Como o aperto aumentou, apanhei este vestido de minha mulher e calcei as sandálias dela. Mas como vou sair daqui com estes trajes para me aliviar? Ora! Ainda está meio escuro; vou lá fora assim mesmo e ninguém me verá. Sou um infeliz! Também, quem me mandou casar com essa idade? Merecia umas bordoadas! Pois não há de ter sido para boa coisa que ela saiu!

Pondo as mãos na barriga.

O aperto continua! Vou sair assim mesmo!

Dá um passo para fora da porta.

UM HOMEM

Da varanda da casa em frente, mostrando apenas a cabeça.

Quem está aí embaixo? Não parece o meu amigo Blêpiro!...

BLÊPIRO

Sim, meu velho! Sou eu mesmo...

UM HOMEM

Ora bolas! E essa roupa roxa?

BLÊPIRO

Encabulado.

Senti necessidade de sair e como o aperto era grande vesti essa roupa mesmo, de minha mulher...

UM HOMEM

E a sua roupa, onde está?

BLÊPIRO

Não sei; bem que procurei, mas não houve meio de achar.

UM HOMEM

E você não pediu explicações à sua mulher?

BLÊPIRO

Desanimado.

Não... Ela não está em casa... Saiu de mansinho, escondida, e receio que esteja fazendo alguma travessura por aí...

UM HOMEM

Com todos os diabos! Sua história é a mesma que eu ia contar!

Aparecendo inteiramente na sacada, vestido de mulher.

A madame desapareceu com a minha roupa! Mas o que me aborrece mais é que ela levou também as minhas sandálias; pelo menos não consegui achá-las em parte alguma.

BLÊPIRO

Nem eu as minhas; e como tive de levantar de qualquer maneira, não tive outro jeito senão calçar as sandálias dela e ir saindo...

UM HOMEM

Que terá acontecido? Será que alguma amiga a convidou para o almoço?

BLÊPIRO

É a minha opinião, pois que eu saiba ela não é má esposa.

UM HOMEM

Quanto a mim, já é tempo de ir andando para a assembléia, se é que a minha mulher não carregou a minha roupa nova de sair, que está escondida!

BLÊPIRO

Eu também talvez vá até lá, mas primeiro tenho de fazer uma coisa mais urgente.

Sai o homem. Entra CREMES pela esquerda, vindo da assembléia. BLÊPIRO faz menção de entrar em casa correndo.

CREMES

Dirigindo-se a BLÊPIRO, de longe.

Ei, você aí! Que é que você está fazendo?

BLÊPIRO

Desajeitado.

Eu ia fazer, mas você apareceu...

CREMES

Vejam só! Com o vestido da mulher!

BLÊPIRO

Apanhei-o por engano, no escuro, quando ia me levantar... E você, de onde vem?

CREMES

Da assembléia.

BLÊPIRO

E já acabou?

CREMES

Já, e muito cedo.

BLÊPIRO

Mas você naturalmente chegou a tempo.

CREMES

É, mas quase não consegui lugar, pois havia tanta gente como nunca vi na assembléia. E era uma gente brancosa, que pelo jeito nunca tomou sol.

BLÊPIRO

Mas que assunto levou tanta gente tão cedo à assembléia?

CREMES

Como sempre, os políticos tratavam da salvação da pátria: apresentavam projetos de efetivação de interinos com duas horas de exercício da função, de concessão de abonos de insalubridade ao pessoal que vai à praia aos domingos e fica lá depois do meio-dia, de criação de mil cargos de assistentes sexuais para os deputados, de aumento de subsídios, de férias de 300 dias por ano etc. De repente, levantou-se um, muito branco, subiu à tribuna e começou a falar com uma voz meio esganiçada, dizendo que o governo devia ser entregue às mulheres. Toda a turma brancosa gritava e dizia que o orador tinha razão. O resto do pessoal discutia apaixonadamente os projetos de efetivação, insalubridade, criação de cargos etc.

BLÊPIRO

Gente sensata!

CREMES

Mas em minoria. O orador na tribuna falava cada vez mais alto, dizendo maravilhas das mulheres e barbaridades de você.

BLÊPIRO

E que dizia ele?

CREMES

Que você é velhaco...

BLÊPIRO

E você, que disse?

CREMES

Deixe as perguntas para depois. Que você é larápio...

BLÊPIRO

Só eu?

CREMES

Você, sim!

Mostrando os espectadores.

Todos os homens! Você não é homem?

BLÊPIRO

Olhando para a roupa de mulher que veste.

Apesar desta roupa, sou homem e ninguém pode dizer nada em contrário!

CREMES

Mas as mulheres, continuava o orador brancoso, são um prodígio de bom senso; sabem guardar segredos, são leais e honestas. Elas não denunciam ninguém, não processam ninguém, não falam mal da vida alheia, não entram em golpes contra a democracia, enfim, atribuía mil qualidades às mulheres e não esgotava a fonte de elogios às virtudes delas.

BLÊPIRO

E o que decidiram?

CREMES

Ouça: decidiram entregar o governo às mulheres. Era só o que faltava fazer entre nós para salvar a pátria.

BLÊPIRO

Já foi decretado?

CREMES

E sancionado!

BLÊPIRO

Quer dizer que as mulheres agora estão encarregadas de fazer tudo que os homens faziam?

CREMES

Exatamente.

BLÊPIRO

Então eu agora não irei mais ao batente?

CREMES

E você não terá mais de sustentar a família; será dever de sua mulher.

BLÊPIRO

Não terei mais de levantar cedo?

CREMES

Não. De agora em diante isso caberá à sua mulher. Você ficará de papo para o ar, como ela ficava.

BLÊPIRO

Uma coisa que devemos recear, nós, homens de certa idade, é que, tendo tomado conta do governo, elas queiram nos forçar...

CREMES

A fazer o quê?

BLÊPIRO

A ser mais... assíduos... Se nós não pudermos, elas talvez não queiram nos sustentar...

CREMES

Ora bolas! Afinal, a boa vida vale um sacrifício. Dá-se um jeito!

BLÊPIRO

Mas tudo que se faz forçado perde o gosto.

CREMES

Não adianta discutir. A maioria resolveu, temos de concordar. Aliás, há um provérbio nosso segundo o qual as decisões mais insensatas e mais absurdas acabam favorecendo-nos. Em outras palavras: Deus é grego. Que assim seja! Bem, vou andando; e você, cuide de dar conta de seus afazeres domésticos...

BLÊPIRO

Você também.

CREMES afasta-se. BLÊPIRO entra em casa. Reaparece o grupo de mulheres vestidas de homem que no princípio se dirigiram para a assembléia. Vêm marchando e falando alto, todas ao mesmo tempo.

UMA MULHER

Será que algum homem está nos seguindo?

Voltando-se para a sua vizinha.

Volte e observe atentamente para ver se há algum homem no grupo, pois algum salafrário pode estar metido entre nós observando-nos.

OUTRA MULHER

Continuemos vigilantes e firmes! Seria uma vergonha para todas nós se o nosso golpe, que até agora vai tão bem, fosse descoberto. Olho vivo! Já estamos perto do lugar de onde partimos em direção à assembléia.

OUTRA MULHER

É mesmo! Já estou vendo a casa de nossa comandante, que concebeu o projeto hoje transformado em lei pelos cidadãos.

OUTRA MULHER

É perigoso ficarmos com a barba pendurada no queixo; alguém poderia ver-nos e nos denunciar.

Enquanto uma mulher fica na esquina observando, todas tiram as barbas postiças e as roupas e calçados masculinos.

A MULHER QUE OBSERVAVA NA ESQUINA

Cuidado! Vem gente aí! Ah! É a nossa comandante e suas auxiliares, já com roupas de mulher!

Aparecem VALENTINA e as outras cabeças do golpe.

VALENTINA

Pronto! Tudo feito! Nós, as mulheres, aproveitamos a oportunidade; as coisas saíram exatamente de acordo com o nosso projeto. Então, todas já tiraram as barbas e as roupas de homem? Muito bem! Agora vou lá em casa, pôr a roupa do meu marido no mesmo lugar de onde a tirei, antes que ele me veja.

UMA MULHER

Mas antes você deve nos dar as instruções para o que ainda tem de ser feito. Estamos prontas para continuar seguindo as suas ordens, pois nunca vimos mulher mais legal que você!

VALENTINA

Esperem até que eu volte. Continuem obedientes como até agora, para que eu possa usar a autoridade de que estou investida com o apoio de todas vocês, pois na assembléia verifiquei que na hora de resolver vocês são um bocado homens!

Quando VALENTINA ia entrar em casa, BLÊPIRO, seu marido, sai vestido de mulher.

BLÊPIRO

Sim senhora! De onde você está vindo, Valentina?

VALENTINA

Que diferença faz, meu bem?

BLÊPIRO

Pergunta boba! Faz muita diferença!

VALENTINA

Você dirá, como sempre, que venho da casa de algum amante!

BLÊPIRO

Talvez você não venha da casa de um só!

VALENTINA

Pois bem! Você pode tirar a prova!

BLÊPIRO

Como?

VALENTINA

Aproximando a cabeça do nariz de BLÊPIRO.

Cheire meus cabelos! Eles não estão perfumados.

BLÊPIRO

Ora essa! O que é que tem o cheiro com o principal? As mulheres só se encontram com os amantes quando estão perfumadas?

VALENTINA

Claro, bobão!

À parte.

Esse infeliz parece que nunca teve uma amante!

BLÊPIRO

Então por que você saiu de casa escondida, de madrugada, com minha roupa?

VALENTINA

A noite passada uma amiga minha me mandou chamar, pois estava para ter criança...

BLÊPIRO

E você não podia me explicar isso antes de sair?

VALENTINA

Você queria que eu fosse perder tempo numa hora daquela, enquanto a minha amiga precisava tanto de mim?

BLÊPIRO

Você podia ao menos me avisar. Mas há alguma coisa por trás de tudo isso!...

VALENTINA

Você é que está com coisas na cabeça. Saí como estava; a pessoa que veio me procurar a mando da tal amiga que ia ter criança pediu-me para ir logo, de qualquer maneira...

BLÊPIRO

Nesse caso, você devia ter vestido a sua roupa, e não a minha. Mas você vestiu o meu casaco, jogou em cima de mim o seu penhoar e foi embora, deixando-me exposto como um cadáver; só faltou pôr uma coroa em cima de mim!

VALENTINA

É que fazia frio. Eu sou fraquinha e delicada; para me aquecer, o jeito foi vestir o seu casaco. Você ficou deitado no quentinho, embaixo das cobertas, meu marido!...

BLÊPIRO

E você saiu com os meus sapatos também por causa do frio?

VALENTINA

Foi para garantir a sua roupa que calcei os seus sapatos: eu imitava o seu andar másculo, pisando forte no chão. Assim, afugentava os assaltantes.

BLÊPIRO

Você sabe que por sua causa deixei de ganhar um bom dinheiro, que iam me dar lá na assembléia?

VALENTINA

Não se preocupe...

Pausa.

Ela teve um menino.

BLÊPIRO

A assembléia?

VALENTINA

Não! A amiga que mandou me chamar! Mas houve assembléia?

BLÊPIRO

Houve, sim senhora! Você não lembra que ontem eu falei que ia haver?

VALENTINA

Ah!... Agora estou lembrando...

BLÊPIRO

E naturalmente você ignora o que foi decretado.

VALENTINA

Decretaram alguma coisa? Não sei de nada...

BLÊPIRO

Pois não se assuste: dizem que o governo foi entregue às mulheres!

VALENTINA

Para fazerem o quê? Para bordar, ou remendar?

BLÊPIRO

Não, com todos os diabos! Para governar!

VALENTINA

Como?

BLÊPIRO

Todo o governo, mas todo mesmo, ficará nas mãos das mulheres.

VALENTINA

Oba! Pois agora o país será feliz, e para sempre!

BLÊPIRO

Por quê?

VALENTINA

Por várias razões: não será mais permitido aos oportunistas aproveitarem-se dos cargos públicos para tratar dos próprios interesses; não será mais permitido fazer promessas para não cumprir...

BLÊPIRO

Não! Não façam isso! Não tirem o pão da minha boca!...

CREMES aproxima-se e ouve a parte final da conversa.

CREMES

Diabo de homem! Deixe sua mulher falar!

VALENTINA

Imperturbável.

... nem roubar o povo, nem fazer intrigas, nem injuriar; não haverá mais pobres...

CREMES

Sim senhora! Veremos grandes coisas (desde que se realizem).

VALENTINA

Vou provar que se realizarão; você será testemunha e ele próprio

apontando para o marido

nada terá a reclamar.

Aproxima-se novamente o grupo de mulheres que VALENTINA comandara; a que vinha à frente dirige-se a VALENTINA; depois falam todas a um só tempo.

UMA MULHER

A VALENTINA.

Estamos esperando por você. Você, por seu espírito lúcido e pensamentos sábios

BLÊPIRO vai tomando ares de importância,

irá agora pôr a sua capacidade de chefia a serviço da regeneração dos costumes e da prosperidade geral. O povo vai ser mais feliz. Chegou a hora de mostrar aquilo de que você é capaz. Nossa terra anseia por reformas, por novidades! Não queremos nada que já tenha sido feito ou dito! O povo detesta o que já conhece.

OUTRA MULHER

Não demore!

OUTRA MULHER

Comece a realizar os seus projetos agora mesmo!

OUTRA MULHER

Não esqueça de que o povo aqui presente

apontando para os espectadores

não gosta de coisas arrastadas, demoradas!

VALENTINA

Tenho certeza de que todos gostarão das coisas que iremos mostrar. Quanto ao povo aqui presente, será que todos concordarão com as inovações? Não quererão continuar apegados aos hábitos e coisas antigas? Esse é o meu maior receio.

CREMES

Quanto às inovações, não tenha dúvidas; o pessoal só quer saber das novas; ninguém se interessa pelas velhas...

VALENTINA

Dirigindo-se aos espectadores.

Que ninguém me contradiga nem me aparteie antes de conhecer minhas idéias todas e ouvir as minhas explicações. Para começar, todos terão de entregar seus bens ao governo, para que todos tenham partes iguais desses bens e vivam deles; não é inevitável que uns sejam ricos e outros miseráveis; que uns possuam terras sem fim e outros não tenham onde cair mortos; que uns tenham a seu serviço uma porção de escravos e outros não sejam sequer donos de si próprios! Instituiremos uma só maneira de viver, igual para todos!

BLÊPIRO

Como poderá ser igual para todos?

VALENTINA

Impaciente.

Ora! Vá para o inferno!

CREMES

O inferno será para todos?

VALENTINA

Não, mas você é muito apressado e fica me interrompendo!

Continuando.

A terra será de todos, bem como o dinheiro e tudo que atualmente pertence a cada um. Com base num fundo comum, constituído por todos os bens, nós, as mulheres, sustentaremos vocês, administrando com economia e pensando em tudo.

BLÊPIRO

E aqueles que não possuem terras, mas outros bens, como jóias?

VALENTINA

Terão de entregar tudo!

BLÊPIRO

E se não entregarem?

VALENTINA

Quem nada trouxer terá de jurar que nada tem, e ninguém vai querer cometer perjúrio.

BLÊPIRO

Mas foi com perjúrios que muita gente fez fortuna!

VALENTINA

Mas essa riqueza não servirá para coisa alguma.

BLÊPIRO

Como?

VALENTINA

Ninguém fará mais nada por necessidade, pois tudo pertencerá a todos: comida, bebida, roupa etc. Que vantagem haverá em não trazer tudo para o fundo comum? Diga, se for capaz!

BLÊPIRO

Não é verdade que atualmente são os larápios que possuem as maiores riquezas?

VALENTINA

Até ontem era, meu camarada; as leis que seguíamos eram leis de antigamente! Agora, porém, que o sustento de todos estará no fundo comum, que ganhará quem não trouxer tudo para o fundo?

BLÊPIRO

Após alguns momentos de silêncio.

E se, vendo uma dona boa, um homem quiser conquistá-la e tiver de oferecer um presente, será que o fundo comum vai dar um dinheirinho a ele para pegar a dona?

VALENTINA

Para quê? Ele terá o direito de ir com ela de graça! As mulheres serão comuns a todos os homens; cada um poderá ir com qualquer uma e ter filhos de quem quiser.

BLÊPIRO

E qual o meio de evitar que todos os homens queiram a mais bonita e tentem papá-la?

VALENTINA

As feias e mal-acabadas ficarão ao lado das mais bonitas, e quem quiser as bonitonas terá que satisfazer primeiro as feiosas.

BLÊPIRO

Com ar desconsolado.

E nós, os velhotes, como nos arranjaremos? Se tivermos de "traçar" primeiro as feias, o nosso... entusiasmo murchará, e como é que vamos dar conta das bonitas?

VALENTINA

Elas não vão chorar por isso; pelo menos, quanto a você, fique tranqüilo. Elas não vão brigar por você...

BLÊPIRO

Quem sabe?

VALENTINA

O... entusiasmo que já está murcho não tem o que murchar, meu velho. Esse problema você não terá.

BLÊPIRO

Para vocês, mulheres, o plano está muito engenhoso; você já arranjou as coisas de tal maneira que nenhuma mulher ficará sem o dela. Mas quanto aos homens, como é que vai ser? As gostosonas fugirão dos feios para se entregar aos bonitões.

VALENTINA

Não senhor! Isso aconteceria no regime antigo, quando só se pensava em um lado dos problemas. Agora, o mecanismo vai ser o mesmo! Os feios tomarão conta dos bonitões e as mulheres não poderão ir com os altos, morenos e simpáticos antes de ter resolvido o problema dos baixinhos e mal-acabados.

BLÊPIRO

Entusiasmado.

Muito obrigado em nome dos desfavorecidos!

VALENTINA

É um dispositivo muito democrático. Nossa reformulação é certinha em tudo. Vocês vão rir dos convencidos, dos galãs, e dirão: "Calma, mocinho bonito! Primeiro o papai aqui vai provar o material! Depois, quando o papai acabar e a fila andar, chegará a sua vez!"

BLÊPIRO

É... Mas com esse gênero de vida como é que cada um vai reconhecer os próprios filhos?

VALENTINA

Isso não terá importância. As crianças julgarão seus pais todos os homens que tiverem idade para isso.

BLÊPIRO

Agora é que a rapaziada vai espancar os velhos à vontade, pois até hoje, mesmo sabendo quem era o pai, eles espancavam, ainda mais quando não souberem!

VALENTINA

Mas os companheiros não permitirão. Antes, eles não se incomodavam quando um rapaz batia no pai, mas no futuro não deixarão ninguém bater em ninguém, pois um poderia estar batendo no pai do outro.

BLÊPIRO

Isso que você está dizendo não é nada mau. Mas se um desses rapazinhos rebolantes que andam por aí chegar perto de mim e me chamar de "papai", vai ser duro de agüentar!

VALENTINA

Mas esses rapazinhos rebolantes de que você está falando nasceram antes da nova lei; não há perigo de eles poderem chamar você de "papai".

BLÊPIRO

Antes assim. Mas quem vai cultivar a terra?

VALENTINA

Os escravos. Seu único "trabalho" será aprontar-se para o jantar coletivo quando forem seis horas da tarde.

BLÊPIRO

E como arranjaremos roupas? Afinal, não vamos andar nus.

VALENTINA

Para começar, as que vocês já têm servirão. Depois, nós, as mulheres, faremos outras.

BLÊPIRO

Só uma pergunta mais: quando alguém perder uma questão na justiça, como vai arranjar dinheiro para pagar o advogado e os escreventes? No fundo comum? Não haveria dinheiro que chegasse!

VALENTINA

Para início de conversa, não haverá mais questões.

BLÊPIRO

Se você acabar com as questões, o seu governo não se agüentará por muito tempo.

CREMES

Sou da mesma opinião.

VALENTINA

Por que terá de haver questões?

BLÊPIRO

Por muitas razões; primeiro, se um devedor negar-se a pagar a dívida.

VALENTINA

Mas onde alguém irá arranjar dinheiro para emprestar? Você esquece que tudo será comum? Quem tiver dinheiro para isso será ladrão!

CREMES

Sai dessa, Blêpiro.

BLÊPIRO

Dirigindo-se a CREMES.

Acontece que ela vai ter de explicar o seguinte: e se dois camaradas brigarem e forem presos, com que pagarão a fiança? E quando, depois de um jantar legal, regado a vinho, alguém agredir alguém?

Dirigindo-se a VALENTINA.

Dessa quem não sai é você!

VALENTINA

Pagarão a fiança com uma parte do que tiverem para comer. Tendo de ficar com o estômago vazio, eles pensarão melhor antes de cometer outra violência; o estômago castigado será bom conselheiro.

BLÊPIRO

Com ar de desânimo mas sem se dar por vencido.

E não haverá ladrões?

VALENTINA

Para roubar o que já é deles?

BLÊPIRO

Depois de pensar alguns segundos.

Então não se será mais assaltado de noite?

CREMES

Não, se você ficar em casa.

VALENTINA

Nem se você dormir fora de casa, como costuma fazer, pois todo mundo terá o suficiente para viver. Se quiserem o seu casaco, você o dará, pois bastará ir ao fundo comum para obter outro.

BLÊPIRO

Nem haverá mais um joguinho?

VALENTINA

Para ganhar o quê?

BLÊPIRO

Então, que espécie de vida você quer que levemos?

VALENTINA

Todos viverão em comum. Pretendo fazer das cidades uma só casa, demolindo todos os muros, de maneira que todos possam ir a toda parte.

BLÊPIRO

Ainda sem querer dar-se por vencido.

Não haverá perigo de faltar comida para alguém?

VALENTINA

Em nossa terra, não haverá mais necessitados. Nós, mulheres, daremos tudo a todos abundantemente. Os homens, depois de terem comido e bebido à vontade nos jantares coletivos, irão embora com a testa coroada de flores e de tocha acesa na mão (para não errarem o caminho). E as mulheres, nas esquinas, dirão aos que vierem voltando dos jantares: "Vem cá, vem! Lá em casa há uma gatinha muito boa para você!" Outras dirão: "E lá em casa há uma ainda melhor, clarinha e gostosinha!"

BLÊPIRO e CREMES ouvem embevecidos.

Só que antes de ir com ela você terá de dar conta de mim!

BLÊPIRO e CREMES mudam de fisionomia.

E os homens mal-acabados seguirão os bonitões e lhes dirão: "Para que tanta pressa? Você nada conseguirá chegando antes de mim, pois de acordo com o decreto os primeiros a provar as gatinhas serão os velhotes e feiosos; enquanto nós executamos o trabalho com elas, vocês ficarão de mão no... queixo, esperando pacientemente."

Dirigindo-se a BLÊPIRO e CREMES.

Então, a reforma de base está boa para vocês?

BLÊPIRO E CREMES

A uma voz.

Legalíssima!

VALENTINA

Séria.

Chega de conversa. Agora tenho de ir à praça pública receber os bens que todos levarão para organizar o fundo comum pelo bem do país, pois fui escolhida para chefa do governo das mulheres. Arranjarei umas ministras de alto gabarito e mandarei providenciar os jantares coletivos para que todo mundo ainda hoje veja o governo em pleno funcionamento. No meu governo, todo mundo vai comer à vontade.

BLÊPIRO

Animado.

E hoje já haverá jantar coletivo?

VALENTINA

É como estou dizendo! Enquanto isso, as "coroas" irão retocando as fachadas para resolver o caso de vocês depois do jantar.

BLÊPIRO

As "coroas"?

VALENTINA

Sim senhor! Você esquece de que, de acordo com o decreto, elas serão as primeiras a provar os bonitões?

BLÊPIRO

Então vamos! Eu vou marchando a seu lado, bem junto de você, para que todo mundo me veja e diga: "Olhem! Lá vai o marido da chefa do governo!"

Saem VALENTINA e BLÊPIRO, seguidos das mulheres.

CREMES

E eu vou andando; vou dar um balanço nas minhas coisas para levá-las à praça pública, ao fundo comum.

Sai CREMES noutra direção.

Horas depois. Mesmo cenário. Reaparece CREMES seguido de carregadores trazendo os seus objetos. A um sinal de CREMES os carregadores vão pondo os objetos no chão.

CREMES

Dirigindo-se a um dos carregadores.

Vamos, rapaz! Ponha esse retrato da minha mulher aí!

Dirigindo-se a outro carregador.

Você aí! Ponha no chão esta cadeira de balanço da minha sogra! Agora essa panela. (Como ela está preta!... Até parece pintada com a tinta que um amigo meu usa para tingir os cabelos!...) Agora esse vaso. E os meus aparelhos de ginástica! E a minha mesa de trabalho! (Agora é a madame que vai trabalhar!)

UM HOMEM

Aproximando-se e examinando os objetos trazidos por CREMES.

À parte.

Eu, hein? Trazer os meus trastes? Bobo seria eu se fizesse isso! De jeito nenhum! Antes vou observar bem, pensar muito no assunto, contar até dez!

Balançando a cabeça negativamente.

Não senhor! Meu suor, minhas economias! Não vou perder tudo assim, de repente, só porque as madames mandaram, sem saber direitinho como as coisas vão ficar.

Chegando mais perto de CREMES.

Ei! Você aí! Que significa essa coleção de trastes aí no meio da rua? Está de mudança ou vai botar tudo isso no prego?

CREMES

Nem uma coisa nem outra.

UM HOMEM

E por que eles

apontando os carregadores

estão arrumando as coisas assim? Não é para levá-las ao leiloeiro!

CREMES

Nada disso! Vou transportá-las até a praça pública para entregá-las ao governo, de acordo com a nova lei.

UM HOMEM

Você vai entregá-las, dá-las?

CREMES

Perfeitamente.

UM HOMEM

Você, está maluco!

CREMES

Eu?

UM HOMEM

Você, sim! Está na cara!

CREMES

Essa é boa! Não devo obedecer à lei?

UM HOMEM

A que lei, desgraçado?

CREMES

Às leis que aceitamos.

UM HOMEM

Aceitamos!... Você é mesmo um grande bobo!

CREMES

Bobo?

UM HOMEM

E não é? O maior bobo do mundo!

CREMES

Por fazer o que a lei manda?

UM HOMEM

Então, um sujeito sensato tem de fazer tudo que a lei manda?

CREMES

Mais que os insensatos.

UM HOMEM

Isso é para os trouxas!

CREMES

Quer dizer que você não vai entregar as suas coisas ao governo?

UM HOMEM

De jeito nenhum! Pelo menos até ver o que a maioria fará.

CREMES

Que pode resolver a maioria senão entregar depressa os seus bens?

UM HOMEM

Quero ver para crer.

CREMES

Todo mundo está dizendo nas ruas que vai entregar tudo.

UM HOMEM

Dizer, eles dizem...

CREMES

E garantem que vão carregar as coisas nos próprios ombros.

UM HOMEM

Garantir, eles garantem...

CREMES

Você acaba me matando de raiva, você que não acredita em nada!

UM HOMEM

Acreditar, eles não acreditam!

CREMES

Dou-lhe umas pancadas!

UM HOMEM

Pancadas eles darão.

Em tom mais sério.

Então, você acredita mesmo que alguém de bom senso vai dar o que tem? Nós nunca fomos de dar. De receber, sim! Até os deuses recebem. Você pode ver nos templos: quando vamos pedir alguma graça, lá estão eles de mãos estendidas, não para dar, mas para receber.

CREMES

Que sujeitinho safado!

Afastando-se do homem.

Vou cuidar de coisas mais sérias, pois ainda tenho de amarrar tudo isso.

Dirigindo-se aos carregadores.

Onde está a corda?

UM HOMEM

Então você vai mesmo entregar as suas coisas!

CREMES

Se vou! Veja! Estou amarrando os meus trastes!

UM HOMEM

Que bobagem! Você podia ao menos esperar para ver o que os outros vão fazer. Depois então...

CREMES

Então!?...

UM HOMEM

Depois então vai-se ganhando tempo; depois adia-se novamente...

CREMES

Para quê?

UM HOMEM

Pode haver um terremoto ou alguma outra calamidade, ou vir uma nova lei, e então fica tudo como estava, idiota!

CREMES

Após alguns instantes de silêncio, como que indeciso.

Ora essa! Havia de ter muita graça eu não saber o que devo fazer!

UM HOMEM

Você saberá. Não digo hoje, mas amanhã ou depois.

CREMES

Como?

UM HOMEM

Conheço muito bem o nosso povo: votar, todo mundo vota, mas na hora de cumprir a lei...

CREMES

Todos entregarão, esteja certo!

UM HOMEM

E se não entregarem?

CREMES

Fique tranqüilo; entregarão.

UM HOMEM

E os que não quiserem?

CREMES

Lutaremos contra eles!

UM HOMEM

E se eles forem mais fortes?

CREMES

Eu largo tudo e vou embora...

UM HOMEM

E se eles venderem as suas coisas?

CREMES

Vão para o inferno!

UM HOMEM

Eu também?

CREMES

Você já devia ter ido há muito tempo!

UM HOMEM

Pela última vez: você entrega?

CREMES

Entrego e já, com todos os diabos! Aliás, já estou atrasado, pois estou vendo os meus vizinhos cumprirem o dever. Você é que não acredita em nada.

UM HOMEM

Acreditar por quê? Como se não estivesse acostumado a essas leis!... Você não se lembra do decreto que congelou o preço das coisas? Congelou mesmo?

CREMES

Mas as coisas mudaram. Essas leis foram do tempo em que nós, os homens, governávamos. Agora são as mulheres! E você sabe muito bem que quando a mulher cisma de fazer uma coisa faz mesmo!

UM HOMEM

Cuidado com elas! Se começarem a querer fazer tudo que nós fazemos...

CREMES

Não sei o que você está imaginando.

Dirigindo-se a um dos carregadores.

Puxe mais a corda, rapaz!

Entra uma mulher, marchando solenemente, com um papel aberto nas mãos.

MULHER

Lendo o papel.

Concidadãos! Dirijam-se todos à praça pública para o jantar por conta do governo! As mesas já estão postas, há lugar para todos! Os vinhos estão nas jarras, a comida está quase pronta! Há leitão assado, galeto, churrasco, peixadas, feijoada completa, macarronadas, cozido etc.! Eis uma pequena parte do que o governo fará pelo povo! Afiem os dentes e afrouxem os cintos! Quem for patriota me siga!

Afasta-se a mulher, apregoando.

UM HOMEM

Fazendo menção de seguir a mulher.

Vou já! Por que deveria ficar plantado aqui no momento em que a pátria me chama?

CREMES

Segurando o homem pelo braço.

Calma, velhinho! Aonde vai você com essa pressa toda, você que ainda não depositou os seus bens na praça pública?

UM HOMEM

Vou jantar! Você ouviu o cardápio?

CREMES

Não senhor! Elas não são bobas! Antes de entregar as suas coisas ao governo, não!

UM HOMEM

Está bem. Entregarei.

CREMES

Quando?

UM HOMEM

Não serei um obstáculo...

CREMES

Que conversa é essa?

UM HOMEM

Muitos entregarão as coisas depois de mim!

CREMES

E você vai jantar assim mesmo?

UM HOMEM

Que hei de fazer? Cada um ajudará o governo como puder; é o dever dos homens sensatos...

CREMES

E se as chefas não deixarem?

UM HOMEM

Sou inflexível no cumprimento do dever: baixo a cabeça e me mando!

CREMES

Mas se elas baterem em você?

UM HOMEM

Apresento queixa à polícia!

CREMES

E se elas rirem no seu nariz?

UM HOMEM

Empertigando-se.

Ereto junto à porta...

CREMES

Que fará você? Diga!

UM HOMEM

... arrancarei os pratos das mãos dos garçons!

CREMES

Está bem! Venha atrás de mim.

Dirigindo-se aos carregadores.

Vamos, pessoal! Vamos levar os meus troços!

UM HOMEM

Fazendo menção de apanhar um dos objetos.

Eu ajudo a carregar.

CREMES

Segurando o homem.

De jeito nenhum! Você é capaz de querer passar por dono das minhas coisas na presença das mulheres encarregadas da coleta!

CREMES sai junto com os carregadores levando seus objetos.

UM HOMEM

Com todos os diabos! Tenho de arranjar um jeito de conservar as minhas coisas mas não posso perder essa comida toda de graça!

Pensa um pouco.

É... O jeito é ir atrás das coisas daquele bobão para pensarem que também são minhas.

Sai correndo em direção aos criados de CREMES.

Horas depois. Novo cenário representando duas casas fronteiras numa rua que vai desembocar numa praça próxima. No meio da rua, uma mesa, a cuja cabeceira está sentada VALENTINA, tendo ao lado uma secretária.

VALENTINA

Até agora as coisas funcionaram perfeitamente bem. Os homens portaram-se como deviam, levando os seus bens à praça pública para constituir-se o fundo comum, e foram todos ordeiramente ao jantar coletivo. Vejamos agora como se comportam as mulheres, pois se as coisas não derem certo com elas vai ser um caso sério.

SECRETÁRIA

Estou ansiosa para ver como os homens vão reagir à "lei da prioridade", que as coroas acharam o máximo!

Abre-se a janela de uma das casas, aparecendo uma velha muito pintada e vestida com exagero.

Parece que a experiência vai começar! O meu receio é que as mulheres não se entendem quando se trata dos homens...

1ª VELHA

Da janela.

Por que será que os homens ainda não apareceram? O tal de jantar coletivo já deve ter acabado há muito tempo...

A VELHA cantarola na janela.

VALENTINA

Aquela ali parece estar prontinha para executar a lei: toda pintada e enfeitada, dando a maior sopa, cantarolando e rebolando.

SECRETÁRIA

Apontando para a janela da casa em frente.

É, mas a coisa não vai ser muito pacífica, pois uma gatinha já apareceu naquela janela e está olhando para a velha com cara feia.

MOÇA

Da janela da casa em frente, dirigindo-se à VELHA.

Desta vez você chegou primeiro para se pavonear aí na janela, velha saliente! Você queria aproveitar enquanto estivesse sozinha aí para fisgar algum distraído!

1ª VELHA

Cara não resolve, franguinha! O que resolve é... competência!

MOÇA

Você vai ver o que é que resolve!

1ª VELHA

Não adianta, meu anjo! De acordo com a nova lei, nenhum homem poderá ir com você antes de entrar aqui... na casa da gostosona!

MOÇA

Só se for para o enterro, para levá-la para o cemitério, sua múmia! Nem com essa pintura e esses enfeites todos!

1ª VELHA

Afinal, por que você veio falar comigo?

MOÇA

E você, por que está aí na janela, cacarejando?

1ª VELHA

Ora essa! Vim ver as autoridades ali naquela mesa. Naturalmente, vieram observar a aplicação da lei, para não permitir transgressões de atrevidas iguais a você. Além disso, estou satisfeita da vida, transbordando de entusiasmo cívico, esperando alguém que goste de mim!

MOÇA

Só se for algum necrófilo!

VALENTINA

É agora! Lá vem um homem para cá! As duas vão pegar fogo!

1ª VELHA

Que também percebera a aproximação do homem, dirigindo-se à MOÇA.

É, gracinha! Pois você vai ver! Já está chegando o meu homem!

MOÇA

Não é você que ele vem procurar, espantalho!

1ª VELHA

É, sim!

MOÇA

Que múmia pretensiosa! Vou até entrar para não ver o susto que ele vai tomar!

A MOÇA se retira da janela.

1ª VELHA

Eu também vou entrar. Vamos ver quem tem mais charme!

A 1ª VELHA se retira da janela; aproxima-se um RAPAZ.

VALENTINA

Dirigindo-se ao RAPAZ.

Que deseja o cidadão?

RAPAZ

Eu queria saber onde mora uma gatinha muito boa, morena, miudinha.

Baixando a voz.

Quero ver se consigo ir direto à casa dela, sem ter de passar por alguma velha horrorosa!

VALENTINA

Não senhor! Até agora o senhor seguiu a lei, porque lhe convinha: comeu do bom e do melhor, de graça, no jantar coletivo, mas agora quer burlar a lei. Nada disso!

SECRETÁRIA

Lá vem a velha! Até eu me assustei.

1ª VELHA

Saindo de casa e correndo para o RAPAZ.

Você está me procurando, meu amor?

RAPAZ

Recuando, assustado.

Eu?

1ª VELHA

Você sim, bonitão! Vejo o desejo reluzindo nos seus olhinhos!

RAPAZ

À parte.

Antes uma boa morte!

À VELHA.

Deve haver algum engano...

1ª VELHA

Que faz você por aqui, então?

RAPAZ

Nada... Estava procurando... sossego...

1ª VELHA

Quem?

RAPAZ

Garanto que não era você.

1ª VELHA

Tanto faz querer como não querer.

Segura o RAPAZ pelo braço.

RAPAZ

Soltando-se delicadamente.

Não é que eu não queira... Mas vamos deixar para outro dia... Hoje eu só quero um joguinho inocente com uma gatinha conhecida...

1ª VELHA

Não adianta. A lei agora manda você... jogar primeiro comigo.

RAPAZ

Então eu passo!

VALENTINA

É, mas o jantar o cidadão não passou!

1ª VELHA

Ouviu o que disse a lei em pessoa?

RAPAZ

Impaciente.

Não ouvi nada; só sei que vou entrar na porta da gatinha e não na sua.

1ª VELHA

Pondo-se em frente da porta da casa da MOÇA, com as mãos nas cadeiras.

Primeiro você terá de entrar na minha, gostosão! Ou então terá de passar por cima de um cadáver!

RAPAZ

À parte.

Não falta muito...

À 1ª VELHA, *fazendo mesura.*

É muita bondade sua!... Estou comovido com tanta largueza...

1ª VELHA

Eu sei que você gostou de mim! Você está meio encabulado porque eu sou muito expansiva... Não se acanhe! Me dê um beijinho!

RAPAZ

Recuando.

Mas... gostosona, eu tenho medo do seu gostosão... Ele pode aparecer de repente...

VALENTINA

O rapaz tem uma conversa!...

1ª VELHA

Qual deles?

SECRETÁRIA

Mas ela não fica atrás!

RAPAZ

À parte.

Algum papa-defuntos!

À VELHA.

Entre logo! Ele pode ver você aí fora e ficar com ciúmes!

1ª VELHA

Eu sei... Eu sei o que você quer!...

RAPAZ

À parte.

Eu é que sei o que você está querendo!...

1ª VELHA

Pendurando-se no pescoço do RAPAZ.

A sorte me mandou esse "pão" e eu não vou largá-lo de jeito nenhum!

VALENTINA

A coroa está indócil!

RAPAZ

Tentando livrar-se da VELHA.

Você está maluca?

1ª VELHA

Conversa, meu bem! Deixe de timidez! Vou levar você lá para dentro! A lei é dura! Eu gosto de dureza!...

RAPAZ

Não adianta. Eu também sou durão.

VALENTINA chama a VELHA, mostra-lhe um papel e cochicham alguma coisa.

1ª VELHA

Dirigindo-se ao RAPAZ.

Pois você vai ouvir uma coisa que vai fazer você amolecer!

RAPAZ

Não!... Não é preciso dizer nem mostrar coisa alguma!

À parte.

Já amoleci há muito tempo!

À Velha.

Mas afinal, de que coisa você está falando?

1ª Velha

Apontando para Valentina.

Aquela distinta tem ali um decretinho muito legal, que reformula todo esse assunto e diz que você vai ter de ir primeiro comigo!

Rapaz

Apontando para Valentina.

Então leia essa sentença de morte que eu quero ouvir tudo direitinho.

Valentina

Dirigindo-se à Secretária.

Leia o decreto!

Secretária

Lendo.

"As mulheres no governo decretaram e a chefa sancionou: Se um homem ainda novo quiser uma mulher ainda nova, não poderá ter a nova antes de fazer uma velha feliz. Se o homem novo não quiser fazer antes a velha feliz e insistir em querer a moça, a velha terá o direito de arrastar o homem para sua casa, segurando-o pelo... lugar próprio."

Rapaz

À parte.

Estou perdido! Vão arrancar o meu... lugar próprio!...

1ª VELHA

Ouviu direitinho? O jeito é obedecer à lei.

RAPAZ

Dirigindo-se a VALENTINA.

E se eu pagar uma multa?

VALENTINA

O cidadão esquece que agora ninguém terá dinheiro para pagar multas?

RAPAZ

E se eu jurar que meu... lugar próprio não funciona?

VALENTINA

Perjúrio é crime, cidadão!

RAPAZ

Estou perdido! Que é que vou fazer?

1ª VELHA

Venha comigo lá para dentro de casa que eu lhe ensino...

RAPAZ

Legalidade! Legalidade! A quanto obrigas...

1ª VELHA

Até que a legalidade tem o seu lado bom...

RAPAZ

Resoluto.

Está bem! Espalhe muitos cravos roxos pelo seu quarto, acenda quatro velas...

1ª VELHA

Garanto que você vai gostar tanto que depois vai me mandar flores!

RAPAZ

À parte.

Só se for uma coroa de defunto, pois você parece que vai cair morta a qualquer momento!

A VELHA puxa o RAPAZ pelo braço. A MOÇA reaparece, saindo da casa em frente, e corre em direção ao RAPAZ.

SECRETÁRIA

Dirigindo-se a VALENTINA.

A chefa quer que eu prenda a moça?

VALENTINA

Não. Acho que tudo vai acabar bem...

MOÇA

Dirigindo-se à VELHA.

Para onde você está arrastando esse homem?

1ª VELHA

Mas logo agora que ele tinha resolvido? Este rapaz está indo por sua livre e espontânea vontade para a minha casa!

MOÇA

Você está louca? Você não vê? Moço como é, ele não tem idade para deitar com você, que podia ser mãe dele! Se a moda pegar, vai haver incestos por aí!

Tenta afastar o RAPAZ da VELHA.

1ª VELHA

Despeitada! É o ciúme! Mas eu me vingo!

Entra em casa correndo.

VALENTINA

Qual será a vingança dela?

RAPAZ

Suspirando aliviado, dirigindo-se à MOÇA.

Muito obrigado! Você me prestou um grande serviço, minha gatinha! Você terá todo o meu reconhecimento, que não é pequeno!...

Aparece, vinda pela mesma porta por onde entrara a 1ª VELHA, uma 2ª VELHA, ainda mais feia que a primeira.

VALENTINA

Ih! Lá vem a vingança da primeira velha! E ainda é mais feia!

2ª VELHA

Dirigindo-se à MOÇA.

Ei, menina! Que é que você quer com esse rapazinho? E a lei, não vale nada? O artigo primeiro é muito claro: ele deve deitar antes comigo!

RAPAZ

Desconsolado.

Ah! Desgraça!... De onde surgiu você, coisa horrível?

2ª VELHA

Segurando o RAPAZ pelo braço.

Venha cá!

RAPAZ

Dirigindo-se a VALENTINA.

Não deixe esse monstro me arrastar, moça, pelo amor de Deus!

VALENTINA

Não é ela, é a lei que o arrasta, cidadão!

RAPAZ

Sempre ouvi dizer que a lei era ruim, mas nunca pensei que fosse tanto assim!

2ª VELHA

Vamos, garotão! Por aqui! Não é conversa que eu quero!

RAPAZ

Está bem...

Dirigindo-se a VALENTINA.

Mas veja se essa velha me deixa parar um pouco, para tomar fôlego. Não estou psicologicamente preparado para... cumprir a lei. Se ela não tiver calma, eu vou fazer uma coisa feia por aqui, de tanto medo que sinto!

2ª VELHA

Você fará quando chegar lá em casa, meu bem! Vamos!

A 2ª VELHA começa a arrastar o RAPAZ quando aparece uma 3ª VELHA, ainda mais decrépita que as anteriores; a MOÇA, desanimada, entra em casa.

VALENTINA

Dirigindo-se à SECRETÁRIA.

Não é possível! Isso é o máximo em matéria de feiúra! Já estou ficando com pena do rapaz! Ele vai levar um susto!...

3ª VELHA

Dirigindo-se ao RAPAZ, que está sendo arrastado e não pode vê-la.

Para onde você está indo com essa mulher?

RAPAZ

Ainda de costas, sem ver a 3ª VELHA.

Eu não vou: estou sendo arrastado! Muito obrigado por você me salvar dessa situação.

Percebendo a 3ª VELHA.

Não! Essa não!

Esfregando os olhos.

Será que isso existe? Parece alma do outro mundo!

3ª VELHA

Deixe de brincadeiras, bonitão!

Apontando para a 2ª VELHA.

Você não pode ir com essa moça aí antes de me fazer feliz.

2ª VELHA

Ainda segurando o RAPAZ por um braço.

Muito obrigada pelo elogio, mas ele vai é comigo!

3ª VELHA

Segurando o RAPAZ pelo outro braço.

Não vou perder este galã de jeito nenhum!

2ª VELHA

Nem eu!

VALENTINA

Cuidado! Vocês querem esquartejar o cidadão?

2ª VELHA

De acordo com a lei, ele tem de vir comigo!

3ª VELHA

Eu sou um pouquinho mais velha! Chegou a hora da velhice valer alguma coisa!

RAPAZ

Apontando para a casa onde entrara a MOÇA.

Se elas continuarem me puxando dessa maneira, como é que vou chegar perto daquela belezoca?

VALENTINA

Cidadão, isso é problema seu. Agora o que me interessa é fazer cumprir a lei!

RAPAZ

Dirigindo-se a VALENTINA.

Afinal, com qual das duas eu devo ir para cumprir essa lei-rolha?

3ª VELHA

Será que você ainda não percebeu? Se for preciso, eu mostro a certidão de nascimento!

VALENTINA

Não é necessário! Está na cara...

RAPAZ

Dirigindo-se à 2ª VELHA.

Então me largue!

2ª VELHA

Não senhor! É comigo que você tem de ir primeiro!

RAPAZ

Voltando-se para a 3ª VELHA.

Se ela deixar.

3ª VELHA

Mas eu não deixo, não deixo, não deixo!

2ª VELHA

Neu eu, nem eu, nem eu!

VALENTINA

Elas até parecem deputados disputando votos!

RAPAZ

E então, vamos resolver a parada?

3ª VELHA

Pondo o dedo indicador delicadamente na boca do RAPAZ.

Cale a boquinha e venha logo comigo, meu bem!

2ª VELHA

Não senhora! É comigo!

RAPAZ

Dirigindo-se a VALENTINA.

Essa lei que as mulheres fizeram devia dar a receita para satisfazer as duas...

VALENTINA

É muito simples, cidadão: basta comer um quilo de amendoim por dia!

As duas velhas puxam o RAPAZ, cada uma por um braço.

RAPAZ

Estou perdido! Já me arrastaram até a porta!...

2ª VELHA

Dirigindo-se à 3ª VELHA.

Não adianta você querer entrar antes de mim! Eu me mando de qualquer maneira lá para dentro junto de você!

RAPAZ

Dirigindo-se a VALENTINA.

Chefa! Dê um jeito, pelo amor de Deus! Uma só já vai ser um sacrifício, quanto mais as duas!

3ª VELHA

Não adianta! De boa vontade ou obrigado você vai é comigo! Sou mais velha (só um pouquinho) e lei é lei!

2ª VELHA

Hoje você está dizendo isso, mas até ontem afirmava a todo mundo que era mais nova do que eu! Ele vai é comigo!

A 1ª VELHA, que assistia à cena da janela, reaparece, saindo correndo pela porta, trôpega.

VALENTINA

Com ar de impaciência.

Ih! A coisa está engrossando!

SECRETÁRIA

Bem que eu disse que as mulheres não se entendem quando o assunto é homem!

1ª VELHA

Ainda bem que há autoridade nesta terra!

Dirigindo-se a VALENTINA.

Fui eu que vi primeiro o rapaz e evitei que ele desobedecesse à lei, pois ele queria ir direto com uma gatinha! As senhoras não lembram? É comigo que ele tem de ir!

VALENTINA

Aproximando-se do RAPAZ e examinando-o atentamente.

Ouçamos o que ele tem a dizer!

RAPAZ

Por favor, moça! Livre-me desses pesadelos! Minha gatinha está me esperando naquela casa em frente!

VALENTINA

Mas isso não seria legal...

RAPAZ

Que falta faz a liberdade!... Mas a minha gatinha é muito legal!

VALENTINA põe a mão no queixo, refletindo sobre a situação. Contempla novamente o RAPAZ; de repente põe as mãos nas cadeiras, com ar de quem tomou uma decisão.

VALENTINA

Muito bem! Diante da intransigência das cidadãs e tendo em vista o artigo da lei segundo o qual os casos omissos serão resolvidos pela chefa do governo e, mais ainda, que o espírito da lei é mais importante que a sua letra...

Dirigindo-se ao RAPAZ.

Quantos anos tem a sua gatinha?

RAPAZ

Uns vinte anos.

VALENTINA

Passando a mão vaidosamente no cabelo e ajeitando a roupa.

Então, esse cidadão não vai nem com a moça nem com as senhoras. A moça tem vinte anos, as senhoras devem ter uma média de sessenta, vinte mais sessenta igual a oitenta, oitenta divididos por dois igual a quarenta (a mamãe aqui tem mais ou menos quarenta...).

Segurando o RAPAZ gentilmente pelo braço.

Venha comigo! Resolvi o seu caso, agora você vai resolver o meu!

À parte.

Afinal de contas, eu não ia fazer essa revolução para aprontar a cama para outras deitarem!

Posfácio

As tragédias gregas, como todas as obras puramente literárias, podem e devem ser traduzidas ao pé da letra, pois nada perdem com a submissão rígida do tradutor ao texto

Já as comédias de Aristófanes — peças de circunstância, mais presas à época em que foram escritas por referências a pessoas e fatos contemporâneos, embora possam, não devem ser tratadas com a mesma literalidade, sob pena de impingir-se aos leitores ou espectadores atuais uma série de alusões sem qualquer significado para eles e privá-los de equivalências que podem conservar ao menos uma parte do sabor original.

Além disso, dificilmente o tradutor justificaria a literalidade de transcrição de certas expressões obscenas, naturais para o freqüentador do teatro ateniense da época de Aristófanes mas não para o de hoje, apesar da moda de palavrões...

Ao invés de um respeito supersticioso ao original, talvez seja mais lógico neste caso o recurso à adaptação. Parece mais natural tomar certas liberdades com o texto que com o espectador e com o leitor.

Feita essa tentativa de justificação de minhas adaptações, devo dizer que elas são de três espécies.

A primeira se relaciona com os nomes de personagens, tanto na própria peça como nas alusões a personalidades da época e a divindades.

Na *Revolução das Mulheres*, por exemplo, o nome Praxágora da personagem principal, no original, não teria sentido para o espectador ou leitor moderno. A substituição por Valentina, ou coisa parecida, enquadra melhor a chefa da revolução imaginada por Aristófanes e tem uma certa correspondência etimológica com o original, forjado pelo comediógrafo, que significa "dominadora da ágora", ou seja, da praça pública em que se realizavam as assembléias dos cidadãos atenienses para votação de leis.

O mesmo pode ser dito de outros nomes de mulher, como Clinarete, Sóstrata, Filenete etc., substituídos (bem ou mal) por Esquerdina, Reformilde, Brigolina, sem outra preocupação senão evitar o vazio do original.

Idêntica observação se aplica à substituição de nomes de divindades nas invocações com sentido cômico (por exemplo: "Nossa Senhora do Parto" em vez de "Duas Deusas", que eram as protetoras das mulheres prestes a dar à luz).

Talvez haja restrições a essa prática, mas prefiro correr o risco a manter os inexpressivos nomes do original.

Ainda a propósito de nomes, as alusões a pessoas e fatos antigos foram atualizadas, na medida do possível (Lula, em vez de um político ateniense barbudo; "Fala, baiano!" em vez de "Fala, ateniense!" etc.). O próprio título da segunda peça foi ligeiramente adaptado, pois a tradução literal seria "Mulheres em Assembléia" ou então a forma tradicional "Assembléia de Mulheres".

Na *Lisístrata* justifica-se a manutenção do nome da personagem principal, pois essa comédia é mais conhecida e o papel-título é familiar a muitos espectadores modernos.

A segunda espécie de adaptações visa à suavização de algumas palavras ou frases mais fortes. Apesar de muito ao gosto de certos teatrólogos atuais, umas poucas expressões chocantes talvez possam ser evitadas, mediante atenuação, sem prejuízo da comicidade. Evidentemente, esse escrúpulo não deveria ser levado ao exagero, sob pena de mutilar-se a comédia antiga, livre por natureza, deformando-se um de seus aspectos característicos.

Finalmente, a terceira espécie. Ousei alguns cortes, principalmente em partes de certo modo secundárias (coros), e mesmo um ligeiro acréscimo na parte final da *Revolução das Mulheres, tudo com o objetivo de pôr diante do espectador e leitor atuais algo que, embora representando o espírito aristofânico, não os chocasse ou entediasse injustificadamente.*

Além disso, introduzi algumas alterações em uma ou outra cena, sempre obedecendo à intenção que orientou o meu trabalho: apresentar em linguagem corrente e essencialmente teatral essas obras feitas para teatro, que, postas no palco de hoje, despertam onde quer que sejam representadas o mesmo interesse que provocaram nas platéias de 2.400 anos atrás.

Certamente, o leitor de uma coleção de textos teatrais não vai se assustar com essas observações sobre o caráter livre da comédia antiga, pois essa "liberdade" não diminui em nada a graça dessas peças que atravessaram os séculos frescas e atualíssimas, em parte devido à perenidade dos temas nelas explorados e em parte ao talento desse grande comediógrafo, que bem merece ombrear com seus colegas de hoje também nos palcos brasileiros.

MÁRIO DA GAMA KURY

Trabalhos publicados por Mário da Gama Kury

1. *Dicionário de mitologia grega e romana,* Rio de Janeiro, Zahar, 6ª ed., 2001.
2. "O grego no 2º milênio a.C.", in *Revista Filológica* n.7, 1957.
3. Introdução à *Oração da coroa* de Demóstenes, na tradução de Adelino Capistrano, Rio de Janeiro, Edições de Ouro, 1965.
4. Introdução às *Vidas de Alexandre e César* de Plútarcos, na tradução de Hélio Veiga, Rio de Janeiro, Edições de Ouro, 1965.

Traduções do grego com introdução e notas

5. Aristófanes. *As nuvens, Só para mulheres, Um deus chamado dinheiro*, Rio de Janeiro, Zahar, 2ª ed., 2000.
6. Aristófanes, *As vespas, As aves, As rãs,* Rio de Janeiro, Zahar, 2ª ed., 2000.
7. Aristófanes, *A greve do sexo* e *A revolução das mulheres*, Rio de Janeiro, Zahar, 3ª ed., 1996.
8. Marco Aurélio, *Meditações,* Rio de Janeiro, Edições de Ouro, 1967.
9. Aristófanes, *A paz* — Menandro, *O misantropo*, Rio de Janeiro, Edições de Ouro, 1968.
10. Tucídides, *História da guerra do Peloponeso*, Brasília, Editora UnB, 3ª ed., 1988.
11. Aristóteles, *Política*, Brasília, Editora UnB, 1985.
12. Aristóteles, *Ética a Nicômacos*, Brasília, Editora UnB, 1985.
13. Políbios, *História,* Brasília, Editora UnB, 2ª ed., 1988.
14. Herôdotos, *História*, Brasília, Editora UnB, 2ª ed., 1988.
15. Diôgenes Laêrtios, *Vidas e doutrinas dos filósofos ilustres*, Brasília, Editora UnB, 1988.
16. Sófocles, *A trilogia tebana — Édipo Rei, Édipo em Colono, Antígona*, Rio de Janeiro, Zahar, 10ª ed., 2002.
17. Ésquilo, *Oréstia — Agamêmnon, Coéforas, Eumênides*, Rio de Janeiro, Zahar, 5ª ed., 2000.
18. Eurípides, *Medéia, Hipólito, As Troianas*, Rio de Janeiro, Zahar, 5ª ed., 2001.
19. Ésquilo, *Os persas* — Sófocles, *Electra* — Eurípides, *Hécuba,* Rio de Janeiro, Zahar, 4ª ed., 2000.
20. Eurípides, *Ifigênia em Áulis, As fenícias, As bacantes*, Rio de Janeiro, Zahar, 4ª ed., 2000.
21. Ésquilo, *Prometeu acorrentado* — Sófocles, *Ájax* — Eurípides, *Alceste*, Rio de Janeiro, Zahar, 3ª ed., 1999.

Outras traduções

22. Jacqueline de Romilly, *Fundamentos de literatura grega*, Rio de Janeiro, Zahar, 1984.

23. Sir Paul Harvey, *Dicionário Oxford de literatura clássica grega e latina*, Rio de Janeiro, Zahar, 1987.
24. Marcel Detienne, *A escrita de Orfeu*, Zahar, 1991.
25. J.V. Luce, *Curso de filosofia grega*, Zahar, 1994.